パーフェクトレッスンブック

ラグビー
基本と上達ドリル

監修 **岩出雅之**
（帝京大学ラグビー部監督）

「自由」の考え方
～ラグビーを楽しむためのフィロソフィー～

岩出雅之

帝京大学ラグビー部 監督

Introd

他のスポーツと同様に、ラグビーにはルールというものがあります。たとえばボールを前方に投げてはいけない（スローフォワード）、あるいはボールより前方にいる選手はプレーできない（オフサイド）など、ラグビーというスポーツはこれらいくつものルールのうえに成り立っています。

では、なぜこのようなルールが存在しているのか。この疑問に答えるには、もしもルールがなかったらラグビーというスポーツが成立するのかどうか、楽しくプレーできるのかどうかを、想像してみるといいでしょう。おそらくルール不在のまま試合をすれば、それこそお互いがやりたい放題となってしまい、試合そのものが成立しなくなることは火を見るよりも明らかです。もしかしたら、勝ちたいがために相手を平気で傷つけるような選手が出てくるかもしれません。そうなったら試合どころではなくなり、単なるケンカになってしまいます。

つまり、ルールは自分たちの自由を縛りつけるものではなく、お互いが楽しくフェアにプレーするために存在しているのです。そもそもラグビーをはじめとす

Introduction

るあらゆるスポーツは、より楽しく、より公平に競い合うために自分たちでルールを作り、時には知恵を絞ってルールを改正し、そのスポーツを進化させながら歴史を重ねてきました。そこには、「何でも有り＝自由」ではなく、より楽しくプレーするために「自分たちで選択する＝自由」という意味が潜んでいます。

このような「自由」の考え方は、ラグビーを楽しくプレーするうえで、とても重要な要素になります。特にラグビーはチームスポーツなので、ひとりだけ違った選択をしてチームの足並みを乱してしまうと、チームとして楽しくプレーすることはできません。楽しくプレーするためには、個人個人がチームの「規律」を守ることが必要で、「規律」を守れるかどうかは個人個人が「自律」していることが大前提になります。逆に言えば、「自律」した個人の集団が「規律」を守ることで、チームは同じ考えの下、同じ目標に向かって進むことができます。それこそがラグビーを楽しくプレーし、チームを強くし、また個人のレベルを上げ

ることにもつながっていくのです。

私たち帝京大学ラグビー部も、常日頃からこのような考え方を大切にしながら活動しています。ひとりひとりが大切なことを選ぶ自由さを持ち、自分たちで「規律」を定め、そのうえでチームと個人が成長していく。チームが協調関係の中で律しようとすれば、当然お互いをリスペクトする必要が出てくる。だからこそ、選手個々に自律精神が生まれ、成長もできる。帝京大学ラグビー部では、このような精神を持った学生が多く育ってほしいと考えています。

よく厳しい練習をしていると、それを見た人は「厳しいことをやらされている」と考えてしまうようですが、実はやらされているのではなく、自立した選手たち自身が厳しいことを自らに問いかけて、自分たちの意思で積極的に練習に取り組んでいるからこそ、チームとしても個人としてもレベルアップできているのだと思います。そして、チームが強くな

り、個人がレベルアップすれば、そこに成長する喜びや楽しさも生まれ、やり甲斐も高まります。それがなければ、しっかりした練習を続けることはでき難く、継続性もなくなります。すべては自分の意思で取り組めているかどうか、ということがとても大切なポイントです。

本書では、個人、グループ、チームで行う練習メニューを紹介していますが、その前提として、怪我の予防や食事による身体作りについても触れています。なぜなら、怪我をしてしまったら楽しくプレーすることはできませんし、楽しくプレーするためにはフィジカル的にもメンタル的にも良いコンディションで行うことが条件になるからです。また、それぞれの練習の前提として、ラグビーの原則と考え方も紹介しています。それぞれの練習に何の意味や目的があるのかを理解したうえで取り組まなければ、創造性の低い、すぐに飽きてしまう練習になってしまい、楽しくないからです。楽しくなければ、継続することもできません。

この本を手にした読者の中には、グラ

ウンドをはじめ練習設備や器具などが充実していない環境の中でプレーしている選手がいるかもしれません。あるいは、監督やコーチ不在の状態でプレーしている選手もいるでしょう。そんな境遇の人には、まず目の前にある環境の中で、できることから始めてほしいと思います。本書で紹介されている練習メニューを自分たちの環境や目標に沿って、自分たちで選択して活用して下さい。もちろん、それらを応用してもらっても構いません。あまり大きな目標を立ててしまうと、目標が達成できないことに不安や苛立ちを覚えて楽しさが損なわれてしまうので、まずは自分たちの身の丈に合った目標を立てることが重要です。

とにかく焦らず、ひとつひとつ理解を深め、しっかりとしたイメージを持って練習に取り組んで下さい。自立した個人がチームになり、同じ目標を持ってともに成長できれば、本当の意味でのラグビーの楽しさを実感できると思います。

パーフェクトレッスンブック
ラグビー
基本と上達ドリル

Introduction
「自由」の考え方
〜ラグビーを楽しむためのフィロソフィー〜 ……… 2

怪我の予防と対策 ……… 12
ウォーミングアップの重要性 ……… 12
エクササイズ ……… 14
- ①柔軟性チェック
- ②シングルレッグスクワット
- ③外旋外転エクセサイズ（大殿筋）
- ④外転エクセサイズ（中殿筋）
- ⑤ヒップリフト

アフターケア ……… 19
脳震盪（のうしんとう）と正しい対処 ……… 20
成長期に起こりやすい怪我 ……… 22
怪我をした時のために ……… 24

Contents

食事と栄養 ... 26

成長期に必要な栄養と食事 ... 26
帝京大学ラグビー部の食事メニュー ... 28
運動直後の栄養補給 ... 30
成長期における睡眠の重要性 ... 32
成長期の選手を持つ保護者の方へ ... 34

パート1 アタック ... 35

アタックの原則と考え方 ... 36
DRILL ❶ 「キャッチ&パス」ドリル　ソフトリスト ... 42
DRILL ❷ 「キャッチ&パス」ドリル　ロールボール ... 44
DRILL ❸ 「キャッチ&パス」ドリル　フラット&ディープパス ... 46
DRILL ❹ 「キャッチ&パス」ドリル　インサイドキャッチ ... 48
DRILL ❺ 「ラン&キャッチ&パス」ドリル　走りながらキャッチ&パス ... 50
DRILL ❻ 「DFを加えたラン&キャッチ&パス」ドリル　2対1 ... 52

DRILL ❼ 「DFを加えたラン&キャッチ&パス」ドリル　2対2 ……………… 56
DRILL ❽ 「DFを加えたラン&キャッチ&パス」ドリル　4対2 ……………… 60
DRILL ❾ 「コンタクト（1対1）」ドリル　ウィークショルダー&ヒット ……… 62
DRILL ❿ 「コンタクト（1対1）」ドリル　ドライブ&ダウンボール …………… 66
DRILL ⓫ 「コンタクト（2対2）」ドリル　キャリーorパス ……………………… 70
DRILL ⓬ 「コンタクト」ドリル　コンタクト&サポート① ……………………… 74
DRILL ⓭ 「コンタクト（2対2）」ドリル　ドライブorオフロード ……………… 76
DRILL ⓮ 「コンタクト」ドリル　コンタクト&サポート② ……………………… 80
DRILL ⓯ 「コンタクト（2対2）」ドリル　ダウンボールorオフロード ……… 82
帝京大学ラグビー部　大学選手権9連覇の軌跡 ……………………………… 86

パート2 ディフェンス ……………………………………………………… 87

ディフェンスの原則と考え方 ………………………………………………… 88
DF時の地域の特徴とスペースの考え方 …………………………………… 90
タックルの正しい姿勢 ………………………………………………………… 92
正しいタックルスキル ………………………………………………………… 94
タックルゲートを理解しよう ………………………………………………… 96
◎タックル強化のウエイトトレーニング　モーニング …………………… 98
◎タックル強化のウエイトトレーニング　クリーン ……………………… 100

Contents

DRILL ⑯ 「タックル」ドリル　タックルの基礎練習 ……………… 102
DRILL ⑰ 「タックル」ドリル　動く相手をタックル ………………… 104
DRILL ⑱ 「タックル」ドリル　ドミネート後のリアクション ……… 106
DRILL ⑲ 「タックル」ドリル　イーブン後のリアクション ………… 108
DRILL ⑳ 「タックル」ドリル　ノンドミネート後のリアクション … 110
DRILL ㉑ 「タックル」ドリル　3対3（タックル時の連携）………… 112
DRILL ㉒ 「タックル」ドリル　3対3（タックル後の連携）………… 116
DRILL ㉓ 「スペースを埋める」ドリル　4対4（DF側のチャンス）… 120
DRILL ㉔ 「スペースを埋める」ドリル　3対4（DF側のピンチ）… 122
トップリーグのチームに所属する帝京大学ラグビー部出身の現役選手 ………… 124

パート3 キック …………………………………………………… 125

DRILL ㉕ 「キック」ドリル　キックチェイス ……………………… 126
DRILL ㉖ 「キック」ドリル　ハイボールキャッチ ………………… 128
「キックの基本をマスターする」　ロングキック …………………… 130
「キックの基本をマスターする」　ハイパント ……………………… 131
「キックの基本をマスターする」　ドロップキック ………………… 132
「キックの基本をマスターする」　グラバーキック ………………… 133
「キックの基本をマスターする」　ゴールキック …………………… 134

パート4 セットプレー 135

- DRILL ㉗ 「スクラム」ドリル　ボディポジション 136
- DRILL ㉘ 「スクラム」ドリル　1対1のスクラム 138
- DRILL ㉙ 「スクラム」ドリル　2対2＆3対3のスクラム 140
- ◎スクラム強化のウエイトトレーニング　スクワット 142
- ◎スクラム強化のウエイトトレーニング　デッドリフト 144
- ◎スクラム強化のウエイトトレーニング　けん垂 146
- 正しいスローインスキル 148
- DRILL ㉚ 「ラインアウト」ドリル　ジャンプ＆キャッチ＆デリバリー 150
- DRILL ㉛ 「ラインアウト」ドリル　リフトの基本 152
- DRILL ㉜ 「ラインアウト」ドリル　リフト＆キャッチ＆デリバリー 154
- DRILL ㉝ 「キックオフ」ドリル　キックオフキャッチ 156
- 帝京大学ラグビー部　2017年度・公式戦全試合結果 158

パート5 チームトレーニング 159

- 地域の特徴を理解しよう 160
- トランジションを理解しよう 163

■ドリルにおけるコンタクト強度についての注意点

コンタクトの強度に注意

←タイトル横に左のアイコンが入っているドリルについては、以下の点に注意して下さい。

● スキルを身につけることを優先し、初めはコンタクトの強度を上げずに行う。慣れたら50％、60％と、強度を少しずつ上げていく。ただし、怪我のリスクを減らすために、100％の強度で行う場合は集中した状態で少ない本数（1〜2本程度）にとどめること。
● 「チームトレーニング」のドリルにおいては、以下の方法からどれかを選択して行う。
①DF側の選手がタッチ。AT側の選手はタッチされたらダウンボールする。DF側の選手はタッチした後、腕立て伏せをしてから次のプレーに参加する（タックルのイメージ）
②DF側の選手は肩でAT側の選手を止めるが、下半身へのタックルは行わない。ハイタックルにならないように注意する
③DF側の選手は通常のタックル（下半身へも可）でAT側の選手を止める。タックルには危険が伴うため、集中した状態で短時間、少ない本数で行う

Contents

ディフェンスからアタックへの切り替え ……………………………… 164
アタックからディフェンスへの切り替え ……………………………… 166
DRILL 34 「ゲームシーン」ドリル　センターラックシーン ………… 168
DRILL 35 「ゲームシーン」ドリル　サイドラックシーン …………… 170
DRILL 36 「ゲームシーン」ドリル　オーバーラップシーン ………… 172
DRILL 37 「ゲームシーン」ドリル　キックシーン …………………… 174
DRILL 38 「ゲームシーン」ドリル　ウォール（壁） ………………… 176
DRILL 39 「ゲームシーン」ドリル　トランジションシーン ………… 178
DRILL 40 「ゲームシーン」ドリル　ウォール・トランジション …… 180
◎フィットネストレーニング　マルコム ……………………………… 182
◎フィットネストレーニング　コンタクトフィットネス …………… 184
◎フィットネストレーニング　シャトル ……………………………… 186
DRILL 41 「ゲームライク」ドリル　3フェーズ・フィールドゲーム … 187
DRILL 42 「ゲームライク」ドリル　フィールドゲーム ……………… 188
DRILL 43 「ゲームライク」ドリル　マルチゲーム …………………… 189
監修者プロフィール・協力指導スタッフ・撮影モデル紹介 ………… 190

■図版（イラスト）の見方

Prevention of injuries
怪我の予防と対策

安全に楽しくラグビーをプレーするためには、
「怪我の予防と対策」について学んでおく必要があります。
ここでは、その基本的な考え方に加えて、
怪我をしてしまった時の対処についても紹介します。

ウォーミングアップの重要性

体温、筋肉の温度を上げておく

　怪我を予防するために大切なことのひとつが、練習や試合前のウォーミングアップです。ウォーミングアップで筋肉を動かすと熱が発生し、体温や筋肉の温度が上がるので、筋肉や腱の柔軟性を上げることができます。それによって、結果的に関節の可動域が広がり、怪我を防止することにつながります。また、筋肉の温度が上がると筋肉が収縮しやすい状態になるため、怪我の予防だけでなく、パフォーマンスの向上にも役立ちます。

　なぜ筋肉の温度を上げておくことが重要なのかは、輪ゴムの性質をイメージするとわかりやすいでしょう。輪ゴムは気温の低いところでは切れやすく、気温が高いところではよく伸びて切れにくくなります。筋肉もそれと同じような性質があるので、ウォーミングアップではしっかり心拍数を上げ、温かく感じられるようになるまで身体を動かすようにして下さい。

ウォーミングアップの内容と順序

　実際にウォーミングアップをする時に大切にしてほしいポイントは、可動域をしっかり確保すること、身体を安定させること、そして最終的にラグビーに近い動きや強度で行うことです。

　ラグビーのような激しいスポーツでは自分が予測できないような動きを強いられる場面が多々あります。そのため、可動域が狭い状態のまま試合や練習に入ってしまうと、予測できない動きが起こった時、筋肉や靭帯の損傷という大きな怪我につながってしまうことがあります。そうならないためにも、運動前のストレッチでしっかり可動域を広げておくことを忘れないで下さい。

　また、身体（主に体幹）の安定性は手足を動かす時の軸となります。体幹部に力が

入らず、不安定な状態で手足を動かすと十分な力が伝わらなかったり、必要以上にリキみすぎてしまったりして、怪我のリスクも高まってしまいます。

帝京大学ラグビー部では、ウォーミングアップをする時はストレッチ、体幹トレーニング、首周りの筋肉のトーニングから始めています。それら比較的動きの少ない運動で関節の可動域と体幹の安定性を確保し、筋肉を強く大きく動かすための準備を整えます。その後、反動を利用した動的ストレッチに移行します。静的ストレッチだけではジャンプや切り返しなどに必要な爆発的な力が低下するという研究もありますので、それだけでウォーミングアップを終わらせないようにして下さい。

可動域と身体の安定性を確保したら、ランニングをして少しずつランニングスピードを上げていきます。その後、コーチの合図などに合わせて反射的に身体を動かすようなトレーニングを行います。ラグビーは自分から主体的に動くだけでなく、相手の動きに合わせて激しく動くことも求められますが、そのような自分の予測を超えた動きをする時に怪我が生じやすくなるからです。

このような内容と順序でウォーミングアップを行うことにより、本格的な練習や試合に入る前段階でラグビーをプレーできる身体にします。ですので、ウォーミングアップのメニューを考える時は、その内容と順序についても意識して下さい。

目的意識を持ってていねいに行う

ウォーミングアップを順序よく行っても、それぞれのメニューをかたちだけで済ませてしまっては、怪我の予防と対策という本来の目的を達成することはできません。目的意識を持って、時間をかけてていねいに行うことが重要になります。また、高い意識でウォーミングアップを行えば、その日の自分の身体の状態を把握することもできるはずです。もしウォーミングアップ中にいつもと違う筋肉の張りや違和感などを感じたら、それは怪我の予兆かもしれませんので、速やかにトレーナーや指導者に伝えるようにして下さい。それが、怪我を初期段階で発見することにつながり、大きな怪我の予防にもなるのです。

EXERCISE 1
柔軟性チェック

毎日のストレッチで柔軟性を確認

ここでは、ウォーミングアップでも行うストレッチを、筋肉の柔軟性や関節の可動域をチェックする方法として紹介します。ストレッチをしながらその日の柔軟性や可動域を確認することで、身体の硬い部分を多めにストレッチしたり、エクササイズを追加したりして、怪我の予防対策を行うことができます。

ここで紹介するメニューをベースに、練習前後に定期的に行いましょう。

アキレス腱ストレッチ

下腿の筋肉、アキレス腱の硬さのチェック。ツマ先を内や外に向けず、真っ直ぐになるように注意する

ヒラメ筋ストレッチ

ツマ先を正面に向けてヒザを抱え、ヒラメ筋を伸ばす。足首の柔軟性も確認できる

※地面と下腿の角度が45度以上の場合は筋や関節が硬い可能性あり

ハムストリング（大腿後面筋肉）のストレッチ

補助役に足を支えてもらい、片足のヒザを伸ばしたまま上げていく。上げた足の角度が90度未満の場合、柔軟性の低下と考える

大腿前面筋肉のストレッチ

足を支えてもらって片足を曲げ、カカトをお尻につけて大腿全面筋肉の柔軟性を確認。カカトがお尻につかない場合、大腿前面筋肉の柔軟性低下と考える

トーマステスト

あお向きの状態で片足を伸ばし、もう一方の足のヒザを抱える。ヒザを曲げていないほうの股関節の前の筋の柔軟性を確認

股関節の前の筋の柔軟性が低下している場合

怪我の予防と対策

EXERCISE ❷
シングルレッグスクワット

身体のバランスなどをチェック

　ラグビーでは、足首、ヒザの靭帯の損傷が多く発生します。それは高校生でも大学生でも同じです。これらは、一部の筋力が弱まってしまったり、関節の可動域が狭くなってしまったりして身体のバランスを崩してしまった時に起こりやすい怪我ですが、それを回避するためには股関節周りの安定性が非常に重要になります。ここで紹介するシングルレッグスクワットは、怪我の予防のトレーニングとして使用できるとともに、身体のバランスチェックを行うことができます。正しい姿勢でできなければ、筋力の弱い部分や関節の硬い箇所があるといううひとつの指標になります。

横からのアングル

胸に両手を当てて正面を向いて立つ　　ヒザを曲げて片足で立った状態を維持　　上半身を真っ直ぐにする

✘ヒザが内側に向いている

お尻の外側の筋肉（中殿筋）が弱い

✘ヒザが前に出ている

お尻、ハムストリングの筋が弱く大腿前面筋肉に頼っている

✘背中が丸まっている

お尻やハムストリングの筋の柔軟性が低い

外旋外転エクササイズ（大殿筋）

股関節周りの筋肉を鍛える

　ここでは、P13で紹介した「シングルレッグスクワット」を行うことによって見つかった、弱い筋のトレーニング方法である「外旋外転エクササイズ（大殿筋）」を紹介します。

　本格的なウエイトトレーニングの前や毎日の練習前に、予防トレーニングとして行ってみて下さい。

ヒザを少し曲げて、横向きになって寝た状態になる

上側のヒザを開いていき、最大限に開いてから再び戻す

背中を真っ直ぐ伸ばした状態で行う

✗ 背中を丸めない

背中を丸めて上半身を曲げた状態で行わない

上側の足を正しく外旋した時の状態

✗ 腰を開かない

股関節の可動域が広がらず、狙いとする筋のトレーニングにならない

ゴムバンドを足に巻いて行うと、お尻の筋肉をより強化できる

ゴムバンドを使って行うと、より負荷がかかるのでお尻の筋肉を鍛えることができる

> 怪我の予防と対策

EXERCISE ❹
外転エクササイズ（中殿筋）

股関節の外側の筋肉を強化する

　このエクササイズも、股関節を柔らかくし、お尻まわりの筋肉の強化に役立ちます。外旋エクササイズと違っているのは、より股関節の外側にある筋肉を使って体幹を維持するエクササイズであるという点です。始めは横向きに寝た状態で身体を真っ直ぐにし、上側にある足を曲げずに持ち上げ、しばらくキープします。10回を1セットとし、2〜3セットを目安に左右の足で交互に行って下さい。

横向きに寝た状態で下の足を曲げ、上の足を伸ばす

足の外側の筋肉を使って、上の足をそのまま上げる

持ち上げた足は身体の線に沿って真っ直ぐに上げる

持ち上げた方の足のツマ先は、身体の正面方向に向ける

✗ 上げた足を外旋させない

持ち上げた方の足が開いた状態になっているのは悪い例

EXERCISE 5
ヒップリフト

体幹とお尻の筋肉を同時に強化

体幹とお尻の筋肉を同時に鍛えるエクササイズが「ヒップリフト」です。このエクササイズをすることによって、体幹も鍛えることができます。あお向けに寝て両ヒザを曲げた状態にしたら、手のひらを下にして身体の横に置きます。この状態からお尻の筋肉を使って腰を上げ、身体と大腿部が直線になったらキープします。背中が反りすぎないように気をつけましょう。10回を目安に、2～3セット行って下さい。

ヒザを曲げた状態であお向けになる。両手は身体の横に置く

下腹に空気を入れた状態を維持したまま、お尻の筋肉を使って腰を上げ、身体と太モモを真っ直ぐにする

❌ 上半身を反りすぎない

背中の反りすぎは背筋ばかりを使ってしまい、効果が損なわれるので身体と大腿部を直線にする

ヒップリフトをした状態のまま、片足を真っ直ぐ伸ばす

両ヒザを曲げた状態で仰向けに寝る

その状態からヒップリフトを行う

次に片方の足を真っ直ぐに伸ばす

伸ばした足のツマ先は上向きにする

❌ 足を外に開かない

ツマ先が外を向くと骨盤も下がってしまうので注意する

> 怪我の
> 予防と対策

アフターケア

運動後のアフターケアの必要性

　練習後、試合後のアフターケアも、怪我の予防のためには欠かせません。

　練習や試合をしている時は、興奮している時に働く交感神経が高まっている状態になります。しかし、身体を回復させるためには、内臓や血管をコントロールしている副交感神経が交感神経よりも優位な状態になっている必要があります。そうしないと、食欲が出ない、なかなか眠れないなど、身体が回復モードに移行しにくくなってしまうのです。

　そこで重要になってくるのが、ストレッチやマッサージといったアフターケアです。ただし、同じストレッチでもウォーミングアップの時と異なっているのは、静的なストレッチをゆっくり行うという点です。ゆっくり長く息を吐きながら、呼吸を整えることを意識し、激しい運動で硬くなった筋肉を伸ばすようにしていくことで、副交感神経を優位な状態にしていくことができるのです。

　また、アフターケアを通じて、身体の異変に気づきやすくなるというメリットもあります。その点も、怪我の予防につながっています。

可動域や呼吸を意識しながら行う

　帝京大学ラグビー部では、ストレッチバンドやストレッチポールといったケアグッズを使って、チーム全体でアフターケアの

時間を、少なくとも20～30分程度はとるようにしています。

　たとえば股関節周りや下肢のストレッチ、肩甲骨周りをほぐすためのストレッチ、その他ラグビーでよく使う筋肉のマッサージなどを、それぞれ10分程度を目安に実施してみるとよいでしょう。

　この他、チーム全体でストレッチをした後には、選手個々の判断によってプラスアルファのアフターケアも行っています。緊張しやすい筋肉や痛めやすい場所は、個人個人で異なり、特に怪我を抱えている選手は練習や試合後にアイシングを行ったり、治療器を使ったりしてアフターケアをすることもあります。

　いずれにしても、大切なことは激しい運動で硬くなってしまった筋肉をそのまま翌日に持ち越さないということです。それが繰り返されてしまうと、いずれは運動に耐えられなくなって筋肉に力が入らなくなり、関節をひねってしまったり、筋肉自体が損傷を受けたりして、悪循環に陥ってしまいます。そうならないためにも、必ずアフターケアを行うようにして下さい。

脳震盪（のうしんとう）と正しい対処

なぜ脳震盪を用心すべきか

これはすべてのスポーツに共通して言えることですが、ラグビーをするうえで特に注意してほしいのが「脳震盪」です。ワールドラグビーや日本ラグビーフットボール協会も注意を促していますが、帝京大学ラグビー部でも強く意識してその予防と対応に当たっています。ここでは、ワールドラグビーおよび日本ラグビーフットボール協会の資料を参考にして説明します（下囲み内および右ページの表）。

脳震盪とは、大きく言えば"脳がダメージを負った状態"となりますが、実際にはどのような状態を指しているのかを厳密に示すことはむずかしいのが実情です。また、将来脳の機能にどのような影響があるのかも解明されておらず、だからこそ用心しなければならないのです。

もし脳震盪の疑いがある時は、日本ラグビーフットボール協会のガイドラインに従って対処する必要があります。ひと昔前は、気を失った選手に水かけて目を覚まさせるという場面が見られました。しかし倒れた時点では、その怪我が動かしてもよいか、脳出血や頸髄（けいずい）損傷など動かすことが命の危険に関わる怪我かは、判断できません。その状態で急な刺激を与えると取り返しのつかない大きな障害につながるケースもあるので絶対にしないようにして下さい。気を失った選手がいたら、まずは声をかけることから始め、順を追って意識の確認をするようにチーム全体で徹底しましょう。

右ページの表にあるように、医師が管理しない成人の選手や19歳未満の選手の場合は、競技に復帰するまで最低3週間が必要とされ、医師が管理する成人選手でも競技復帰まで最低6日間は必要とされます。脳震盪の疑いがある場合は、選手の命や生活のために必ずこのルールを守りましょう。

脳震盪とは何か？

- 脳震盪とは、脳の機能に障害をもたらす外傷性脳損傷
- 脳震盪の症状にはいろいろあるが、一般的なものは頭痛、めまい、記憶障害、バランス障害など
- ノックアウトされた状態の意識消失は、脳震盪の中で10％以下でしか見られない。意識消失は、脳震盪と診断する際の要件ではない
- 一般的に、標準的な脳の画像所見は正常

脳震盪は、どのように引き起こされるのか？

- 脳震盪は、頭部への直接的な衝撃によって生じることがあるが、身体の他の部分への衝撃が頭部の急な動きを引き起こして生じることもある（例；鞭打ちのような怪我）

症状の発症

- 脳震盪の症状はいつ発症してもおかしくないが、一般的には頭部外傷受傷後24～48時間以内に発症することが多いので注意すること

脳震盪の見分け方

- 受傷後に以下の兆候または症状のいずれかが認められたら、そのプレーヤーは脳震盪の疑いがあると見なされ、ただちにプレーまたはトレーニングを止めさせなければならない

**【目に見える脳震盪の手がかり
（プレーヤーに認められるもの）】**

※以下のうちのひとつ、または、それ以上の目に見える手がかりがあれば、脳震盪の可能性がある

- 放心状態、ぼんやりする、表情がうつろ
- 地面に横たわって動かない、起き上がるのに時間がかかる
- 足元がふらつく、バランス障害、転倒・協調運動障害（失調）
- 意識消失、無反応
- 混乱、プレーや起きたことを認識していない
- 頭をかかえる、つかむ
- 発作（けいれん）
- より感情的になる、ふだんよりイライラしている

怪我の予防と対策

■段階的競技復帰；「医師が管理しない場合」あるいは「プレーヤーが19歳未満の場合」の最短のケース

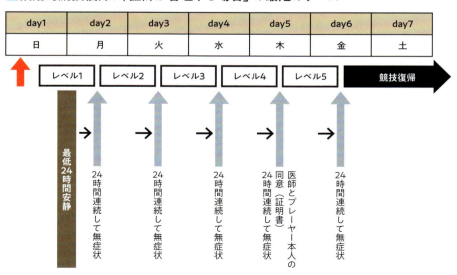

■段階的競技復帰；「医師が管理する場合」の最短のケース

成長期に起こりやすい怪我

オスグッド病の原因と対策

　成長期の選手によく見られるのが、骨の怪我です。なかでも「オスグッド(・シュラッター)病」「第5中足骨骨折」「腰椎分離症(脊椎分離症)」といった怪我はその典型で、帝京大学ラグビー部でも特に注意を喚起しています。これらの怪我は、初期段階では我慢すればプレーを継続することができてしまうため、つい無理をしてしまい、後々になって手術が必要な怪我につながってしまうこともあります。

　まず「オスグッド病」とは、通称ジャンパー膝とも呼ばれ、ラグビー、サッカー、バスケットボールなどダッシュ、ジャンプ、キック動作などを激しく繰り返すスポーツを行う成長期の選手によく見られる怪我のひとつです。

　膝のお皿の下にある膝蓋靭帯は大腿前面の筋肉とつながっていますが、頻繁に激しいジャンプやダッシュなどを繰り返すことによって、大腿前面の前の筋肉が硬く緊張した状態になります。大腿前面の前の筋肉が硬くなると膝蓋靭帯も上に引っ張られるため、スネの上部にある膝蓋靭帯の付着部に繰り返し引っ張りの負荷がかかることになります。成長期では骨がまだ柔らかいため、この引っ張られる力に耐えきれず、悪化すると骨が欠けてしまうことがあります。それが「オスグッド病」です。その状態で痛みを我慢してプレーを続けると、やがて歩くだけでも痛みを伴うといった状態になってしまいます。

　最悪の場合は手術をすることになりますが、その前にストレッチで痛みがある、膝蓋骨の下に圧痛があるなどの兆候が見られたら、大腿前面の筋肉のストレッチや運動量そのものの調整を行って下さい。また、大腿前面の筋肉だけに頼らず、前述したヒップリフトようなお尻の筋肉のトレーニングを行い、前後の筋肉をバランスよく使って動けるようにするとよいでしょう。

第5中足骨骨折と腰椎分離症

　成長期だけによくある怪我とは限りませんが、帝京大学ラグビー部で特に注意しているのが「第5中足骨骨折」です。これもラグビーやサッカーなどでよく見られる怪

■「オスグッド病」

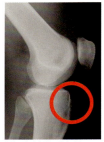

写真/帝京大学ラグビー部

■「腰椎分離症」

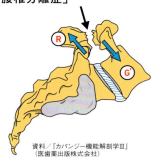

資料/『カパンジー機能解剖学Ⅲ』
(医歯薬出版株式会社)

我で、さまざまな原因が考えられます。

たとえば、ガニ股で足の外側に体重がかかった状態でプレーを続けていると、第5中足骨を下から突き上げるストレスとなり、骨が弱くなってしまう疲労骨折が起こりやすくなります。その疲労骨折の状態でさらにプレーを継続していると、最終的に骨折を引き起こすことにつながります。他にも、足首の可動域の低下や土踏まずが下がった状態も、着地の衝撃吸収を低下させる原因となり、同じく第5中足骨の疲労骨折や骨折の危険性を高めます。この骨は、折れてしまうと骨がつきにくい特徴があるため、最終的には手術するという方法もありますが、やはり日頃から定期的に痛みがないかをチェックし、疲労骨折の予兆を早期に発見することが大切になります。

チェック方法としては、第5中足骨を押して痛みがないかを確認する、片足でジャンプをして痛みがないかを確認する、ということが挙げられます。もし走っている時や圧痛や片足ジャンプで痛みを感じたら、無理をせず病院で診察してもらいましょう。その時点で骨折がない場合も、痛みが減るまで運動量の制限を行って下さい。

一方、「腰椎分離症」は成長期によく見られる腰の疲労骨折です。背骨は椎体と後ろ側の椎弓で構成され、この椎体と椎弓のつなぎ目に繰り返しの負担がかかり、疲労骨折を起こして分離してしまった状態を指します。また、その状態が続くことで分離した部分の腰椎が不安定になり、上下の骨にずれ(すべり)が生じて「腰椎分離すべり症」に進行することもあります。

原因はさまざまですが、1回や2回の負荷でいきなり分離症を発症することは少なく、痛みを抱えたまま無理をして運動を継続した結果、分離症に至ることがほとんどですので、成長期のオーバートレーニングは要注意です。分離症は早期に発見できれば、安静期間をしっかりおくことで骨がつくこともあり、骨がつかなかった場合もストレッチや体幹トレーニングで症状の悪化を防止することもできます。また、そうなる前に日頃から肩や胸、股関節のストレッチを入念に行い、腰の上下の関節の可動域を確保して腰自体にかかる負担を軽減させておくことが、予防につながります。

■「第5中足骨骨折」

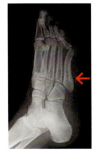 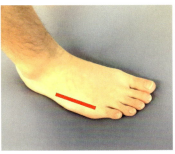

写真／帝京大学ラグビー部

怪我をした時のために

何か起こった時の準備をしておく

　最後に、怪我が起こった時の対処についても触れておきます。これについては、選手はもちろんですが、特に指導者や保護者の方々に理解していただきたい部分になります。スポーツ現場で一番に大切なことは、「安心・安全」な環境作り、すなわち「命を守る」こと、そして次に怪我に適切に素早く対処することです。

　帝京大学ラグビー部では、急な傷害に対して必ず近隣の救急対応可能な病院の連絡先や地域の救急相談窓口の電話番号を準備しています。みなさんも常日頃から自分たちの地域にある救急対応が可能な病院の連絡先をメモしておき、チームであれば、掲示板などにその連絡先を貼っておくなどして、傷害発生時に速やかに医療機関で受診できる準備をしておきましょう。

　また、緊急を要さない軽い怪我の場合も、しっかりと専門医に診てもらうことが大切です。たとえば、軽い足首の捻挫をしてしまったとします。このようなケースでは、テーピングなど一時的な処置をして、無理をしてそのままプレーを続けるケースがよく見受けられます。しかし、足首がグラグラした状態でプレーを続けることはリスクを伴います。捻挫は一度すると2回、3回と繰り返してしまうことが多く、結果として軟骨を傷つけたり、骨が変形したりするなど、長く痛みを伴う怪我につながる可能性も否定できません。

　高校の時に無理をしたために、大学になってから手術をしなくてはならなくなる選手も多く見られます。そうならないためにも、軽い捻挫だからと言って無理をせず、医療機関で受診することを心がけて下さい。また、チームにドクターがいる場合はドクターに、いない場合は近隣のスポーツドクターがいる病院などで診てもらうようにしましょう。それが結果的に長い時間プレーできることにつながり、選手としての生活を充実させることになるのです。

　日本体育協会ではスポーツをする人の健康管理やスポーツによる怪我の治療などにあたる「公認スポーツドクター」という制度を設けています。自分が住んでいる地域に公認スポーツドクターがいるかは、日本体育協会のWEBサイトなどから検索することができます。ぜひ参考にしてみて下さい。

　帝京大学ラグビー部では、ドクター、トレーナー、管理栄養士、科学スタッフといった専門家が常駐する「帝京大学スポーツ医科学センター」と連携しながら、選手のサポートを行っています。「帝京大学スポーツ医科学センター」は、より専門的な診察が可能な帝京大学医学部付属病院とも連携しているので、手術を要するような場合も速やかに橋渡しをすることができます。

　このような体制は帝京大学ラグビー部ならではの環境ではありますが、帝京大学医学部附属病院は一般の方の受診も可能です。また、このような大学病院などの医療機関の受診がむずかしい場合でも指導者や保護者の方々が協力し合い、選手が怪我をしてしまった時の準備を怠らず、緊急でない場合も相談に乗ってもらえるスポーツドクターを探しておきましょう。

怪我の予防と対策

帝京大学スポーツ医科学センター トータルサポートシステム

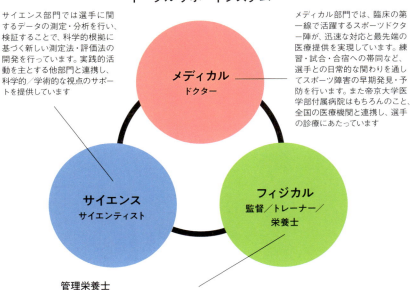

サイエンス部門では選手に関するデータの測定・分析を行い、検証することで、科学的根拠に基づく新しい測定法・評価法の開発を行っています。実践的活動を主とする他部門と連携し、科学的／学術的な視点のサポートを提供しています

メディカル部門では、臨床の第一線で活躍するスポーツドクター陣が、迅速な対応と最先端の医療提供を実現しています。練習・試合・合宿への帯同など、選手との日常的な関わりを通してスポーツ障害の早期発見・予防を行います。また帝京大学医学部付属病院はもちろんのこと、全国の医療機関と連携し、選手の診療にあたっています

管理栄養士
栄養グループは管理栄養士により構成され、各測定や調査に基づく個々の栄養状態から競技特性を考慮した上で、コンディション維持・向上を目的とした栄養サポート（栄養指導、食教育、食事提供等）を提供しています

トレーナー
トレーナーグループにはアスレティックトレーナーとフィジカルコーチが所属し、選手に対する傷害の予防とコンディショニング、スポーツ障害からの早期復帰支援などの専門業務に加え、選手の自立を促す活動に取り組んでいます

現在大学施設内に新館を建設中の
『帝京大学スポーツ医科学センター』（完成予想イメージ）

Nutrition and Meal
食事と栄養

楽しくラグビーをするには、健康で丈夫な身体が必要です。
特に心身ともに大きく成長する成長期においては
丈夫な身体を作るための土台を作っておくことが重要になります。
ここでは、その土台作りに必要な「練習」「食事」「休養」の中から
「食事」と「休養」についての知識と取り組み方を紹介します。

成長期に必要な栄養と食事

筋肉と骨を作るための栄養素

ラグビーでは、スピードやスタミナに加え、激しいコンタクトを伴うため、大きく強く、当たり負けしない丈夫な身体が求められます。その身体を作るためには、日頃のトレーニングだけでなく、そのベースとして正しい食事をすることによって必要な栄養をしっかり摂取することが、特に成長期においては重要になります。したがって、必要なエネルギーをしっかり確保することを意識して下さい。

日本では、厚生労働省が一般の人向けに必要な年齢別エネルギー量（右ページ参照）や各栄養素の摂取基準を示していますが、成長期の中高生年代ではその数値が高めに設定されています。帝京大学ラグビー部では1日のエネルギー必要量を4,500～5,000kcal前後に設定していますが（身体の大きさが異なるため幅を持って対応しています）、これは同年代の一般男性の必要量2,500～2,600kcalと比べて約2倍の数値にあたります。

そして、食事の量を確保すると同時に意識してほしいのは、丈夫な身体作りの土台として、毎日の食事の中でしっかり骨の形成につながる栄養を摂取することです。

丈夫な骨作りのポイントは、骨の「質」と「量」です。頑丈な建物にたとえると、「質」は建物の骨組み（鉄筋）で、「量」はコンクリートなど建物を構成する中身にあたります。頑丈な建物は衝撃にも強く、簡単に壊れることはありませんが、骨もこれと同じで、強い骨は粘り気があり、しなやかで中身も詰まっています。

このような質のよい骨を作るためには、骨組み（コラーゲン架橋）の材料となるたんぱく質（肉、魚、卵、豆、豆製品、牛乳、乳製品など）をしっかり摂ることが重要になります。1日体重あたり1.2～1.4gを目安に摂取するとよいでしょう（例：体重60kgの場合、72～84g）。

■厚生労働省による日本人の推定エネルギー必要量（2015年版）

(kcal／日)

性別	男性			女性		
身体活動レベル[1]	Ⅰ	Ⅱ	Ⅲ	Ⅰ	Ⅱ	Ⅲ
0～5（月）	-	550	-	-	500	-
6～8（月）	-	650	-	-	600	-
9～11（月）	-	700	-	-	650	-
1～2（歳）	-	950	-	-	900	-
3～5（歳）	-	1,300	-	-	1,250	-
6～7（歳）	1,350	1,550	1,750	1,250	1,450	1,650
8～9（歳）	1,600	1,850	2,100	1,500	1,700	1,900
10～11（歳）	1,950	2,250	2,500	1,850	2,100	2,350
12～14（歳）	2,300	2,600	2,900	2,150	2,400	2,700
15～17（歳）	2,500	2,850	3,150	2,050	2,300	2,550
18～29（歳）	2,300	2,650	3,050	1,650	1,950	2,200
30～49（歳）	2,300	2,650	3,050	1,750	2,000	2,300
50～69（歳）	2,100	2,450	2,800	1,650	1,900	2,200
70以上（歳）[2]	1,850	2,200	2,500	1,500	1,750	2,000
妊婦（付加量）[3] 初期				+50	+50	+50
妊婦（付加量）[3] 中期				+250	+250	+250
妊婦（付加量）[3] 後期				+450	+450	+450
授乳婦（付加量）				+350	+350	+350

1 身体活動レベルは、低い、ふつう、高いの3つのレベルとして、それぞれⅠ、Ⅱ、Ⅲで示した。
2 主として70～75歳ならびに自由な生活を営んでいる対象者に基づく報告から算定した。
3 妊婦個々の体格や妊娠中の体重増加量、胎児の発育状況の評価を行うことが必要である。
注1：活用に当たっては、食事摂取状況のアセスメント、体重及びBMIの把握を行い、エネルギーの過不足は、体重の変化またはBMIを用いて評価すること。
注2：身体活動レベルⅠの場合、少ないエネルギー消費量に見合った少ないエネルギー摂取量を維持することになるため、健康の保持・増進の観点からは、身体活動量を増加させる必要があること。

一方、骨の「量」を確保するには、カルシウムが欠かせません。成長期には1日あたり1000～1300mgを目標にして下さい。同時に、カルシウムと一緒にビタミンDとビタミンKを摂るようにしましょう。ビタミンDは、魚類やキノコ類に含まれ、腸管でのカルシウムの吸収を促進させる役割を果たします。また、ビタミンKは接着剤のようにカルシウムを骨に貼りつけ、コーティングする働きを担っています。特に納豆はビタミンKの含有量が他の食品と比べて圧倒的に多いので、成長期に特に積極的に食べることをおすすめします。

ただし、これらの食品を栄養として身体に消化吸収させるためには、腸をよい状態に保っておく必要があります。いくら身体によいものを食べても、それを受け入れる側の腸が機能していなければ意味がありません。そのためにも、一日3回の食事および時間帯、定期的な排泄などについても、意識するようにしましょう。

そして、「楽しく食事をしながら丈夫な身体を作る」というポジティブな気持ちで取り組むことを忘れないで下さい。

帝京大学ラグビー部の食事メニュー

ある一週間の食事メニュー

ここでは、帝京大学ラグビー部のある一週間の食事メニューを紹介します。選手たちは寮で共同生活をしており、朝食と夕食は一緒に食事していますが、寮の食事でも丈夫な骨作りを重要視しています。

また、選手は各自で献立表を確認し、その日のメニューだけでは不足する栄養素を確保するために、自分で食品を追加するといった工夫もしています。

■帝京大学ラグビー部の一週間の食事メニュー例（朝食・夕食）

●=たんぱく質、●=炭水化物、●=ビタミン、●=ミネラル

	火		水		木	
朝食	オムレツ＆ハムソテー	●	サバの塩焼き	●●	ハンバーグ柚子味噌ソース	●
	4種野菜のマリネ	●	五目野菜の酢の物		白菜と小松菜のお浸し・椎茸の醤油焼き	●
	カラフル野菜ソテー／ブロッコリー	●	厚揚げとインゲンのピリ辛金平	●●●	ピーマン金平	●
	豚汁	●●●●	味噌汁	●●●●	味噌汁	●●●●
	ごはん	●	ごはん	●	ごはん	●
	納豆／のり	●●●	納豆／のり	●●●	納豆／のり	●●●
	生卵	●	生卵	●	生卵	●
	オレンジ	●●●	オレンジ	●●●	オレンジ	●●●
	牛乳	●●	ヨーグルト	●●	牛乳	●●
夕食	ポークジンジャー	●	青椒肉絲		鶏肉と根菜の酢鶏風炒め	●●●
	鮭の香草パン粉焼き	●●●	ブリの照り焼き／鰺フリッター	●●●	レバカツ	●
	蒸し鶏とブロッコリーのサラダ	●●	南瓜サラダ	●	ツナとひじきのサラダ	●●
	明太釜玉うどん	●●●●	チーズオムレツきのこソース	●●●	シーフード入り塩焼きそば	●●●
	味噌汁（青菜・豆腐・ねぎ）	●●●	春雨入り中華スープ	●●●	ペンネ入りコンソメスープ	●●●
	ジャンボオムレツ	●	茶碗蒸し	●	オクラ納豆	●
	フルーツ	●	フルーツ	●	フルーツ	●
	ジョア	●●●	ヨーグルト	●●	ジョア	●●●
	ごはん	●	そぼろ生姜ごはん	●●	ごはん	●

食事と栄養

金曜日の朝食の食事メニュー

金曜日の夕食の食事メニュー

※日曜午後と月曜がオフの時の一週間

金		土		日	
豚ロースの味噌焼き	🔴	鮭の塩焼き	🔴🔵	鶏肉の味噌焼き	🔴
キャベツの辛子和え	🔵	春雨サラダ	🔴🔵	小松菜と春雨の胡麻和え	🔵🟢
カボチャの煮物・オクラ	🔵	高野豆腐と人参の煮物	🔴🔵	厚揚げと刻み昆布の煮物	🔴
味噌汁	🔴🔵🟢	けんちん汁	🔴🔵	味噌汁	🔴🔵🟢
ごはん	🟡	ごはん	🟡	ごはん	🟡
納豆／のり	🔴🔵🟢	納豆／のり	🔴🔵🟢	納豆／のり	🔴🔵🟢
生卵	🔴	生卵	🔴	生卵	🔴
グレープフルーツ	🟡🔵	キウイフルーツ	🔵	オレンジ	🟡🔵
ヨーグルト	🔴🟢	牛乳	🔴🟢	ヨーグルト	🔴🟢
チキンのトマト煮	🔴	豚しゃぶ温野菜サラダ	🔴🔵		
鯖の塩焼き大根おろし	🔴	チーズインハンバーグ	🔴🔵		
和風しらすわかめサラダ	🔴🔵🟢	きのこのキッシュ	🔴🔵		
里芋とがんもの煮物	🔴🔵🟢	彩り野菜のペペロンチーノ	🔵		
豚汁うどん	🔴	根菜スープカレー	🔴🔵🟢		
湯豆腐（生姜・ネギ）	🔴🟢	おはぎ	🔵		
フルーツ	🟡🔵	フルーツ	🟡🔵		
ジョア	🔴🔵🟢	ヨーグルト	🔴🟢		
ごはん	🟡	とろろごはん	🟡		

※赤字は、骨作りに関わるビタミンD、ビタミンK、カルシウムが多いメニュー

運動直後の栄養補給

運動直後の20分を逃さない

　練習や試合などで激しい運動をした直後はエネルギーが枯渇し、傷ついた筋肉が自ら回復しようとしますが、その時に成長ホルモンも活発に分泌されます。特に運動直後の20分間はその分泌が最も活発に働き、そのタイミングで身体の修復に必要な糖質とたんぱく質という2つの栄養素を摂取することが重要になります。目安としては、糖質とたんぱく質を3〜4対1の割合で摂取することが推奨されています。

　右ページのグラフでは、運動前、運動直後、運動3時間後という3つのタイミングで栄養を摂取した際の「グルコース（筋肉のエネルギー源）の回復量」と「筋たんぱく質の合成」を比較しています。このグラフが示すとおり、運動直後の数値が圧倒的に高く、できるだけ運動直後に栄養摂取をすることが回復や身体作りに好影響を与えることがわかります。

　帝京大学ラグビー部でも、運動直後のタイミングを逃さないように栄養摂取の取り組みを行っています。具体的には、選手が各自のシェイカーにプロテイン（糖質、たんぱく質が理想的な割合で確保できるもの）を準備し、練習前に必ずグラウンド脇に設置するラックに置いて、練習直後に栄養摂取ができるようにしています。ここには、運動直後のタイミングは内臓も疲労しているため、できる限り消化吸収のよい液体状プロテインを活用するという狙いがあります。

　もちろん、プロテイン以外にも、バナナ、100%果汁、おにぎり、サンドイッチなどに、飲むヨーグルトや牛乳を組み合わせるなど、食品の選び方でも工夫して摂取することができます。

　練習後は、後片付けや通学などで思うように食事する時間を確保することがむずかしい場合もあるかもしれません。しかし、練習後の補食だけで終わらせることなく、練習が終わったらできるだけ早くボリュームのある夕食をしっかり食べることが大切であることも忘れないで下さい。

帝京大学ラグビー部のプロテイン専用の棚

食事と栄養

■ 運動前後のタイミング別比較

凡例：運動前／運動直後／運動3時間後

グルコース（筋肉のエネルギー源）の回復量

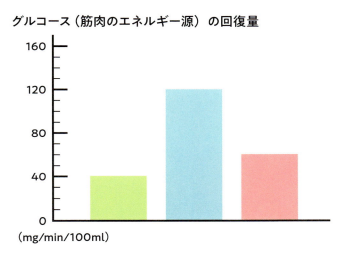

（mg/min/100ml）

筋たんぱく質の合成

（mg/min/100ml）

資料：Postexercise nutrient intake timing in humans is critical to recovery of leg glucose and protein homeostasis. Levenhagen DK1, Gresham JD, Carlson MG, Maron DJ, Borel MJ, Flakoll PJ. Am J Physiol Endocrinol Metab. 2001 Jun;280(6):E982-93.

成長期における睡眠の重要性

睡眠中に成長ホルモンが活発化

運動直後と同じように、成長ホルモンの分泌が活発になるのが睡眠をしている時間です。睡眠をとって身体を休めることは、健康で丈夫な身体を作るためには欠かせない要素となりますが、骨の形成につながる成長ホルモンの分泌という側面においても、とても重要なのです。

そもそも骨は、常に壊したり作ったりしながら生まれ変わるものですが（リモデリング）、特に成長期はその生まれ変わりのスピードが速いとされています。しかし、その大事な成長期に睡眠をおろそかにすると、成長ホルモンが多く分泌する絶好のタイミングを逃すことになり、それが骨の成長の妨げにつながってしまいます。そうならないためにも、しっかりと睡眠をとることを心がけて下さい。

また、睡眠時間を確保すると同時に、睡眠の質を高めることも意識して下さい。特に寝始めてから90分間は最も深い眠り（ノンレム睡眠）が訪れます。そのタイミングで深い眠りにつくことができれば、成長ホルモンが活発に分泌され、逆に眠りが浅い場合は、成長ホルモンの分泌が低下してしまいます。

質のよい眠りを確保するには、体温コントロールや脳のスイッチ切り替え（自律神経）など、いくつかのファクターがありますが、ここでは食事の面からできることを紹介します。

まず、気分を落ち着かせ、リラックス状態を作ってよりよい睡眠をサポートする睡眠ホルモン（メラトニン）の分泌を促すには、その分泌を促進させる脳内物質（セロトニン）の材料となるトリプトファン（アミノ酸）が豊富な食品を確保することを心掛けて下さい。また、セロトニン作りを促すビタミンＢ６を豊富に含む食品を一緒に摂取することもポイントになります（右ページ参照）。

ただし、就寝直前の食事は避けて下さい。睡眠中は、筋肉や脳だけでなく内臓も休ませる必要があり、睡眠直前に食事をすると、寝ている間も消化吸収のために内臓が動き続けることになってしまうからです。逆に、空腹状態では覚醒物質であるオレキシンの分泌が高まり、寝つきにくくなってしまいますので、遅くとも就寝前の１〜１時間半前までには食事を終えておくように心がけましょう。

■ 骨の生まれ変わり（リモデリング）

食事と栄養

■睡眠ホルモン（メラトニン）の分泌までの流れ

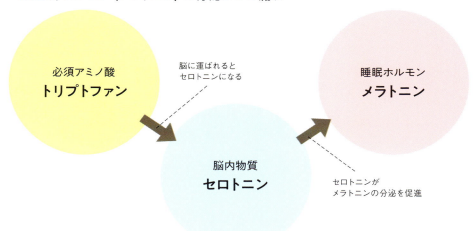

■質の高い睡眠をサポート食品

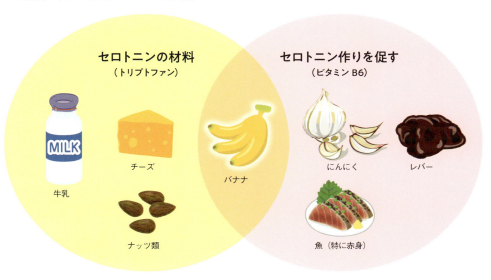

成長期の選手を持つ保護者の方へ

身近で心強いサポーターとして

ここまでは、食事と栄養という側面から成長期の選手に意識してほしい取り組みについてご紹介してきました。ただ、特に食事のことなどは、選手だけの努力ではなかなか実行することがむずかしい部分もあります。そこで重要になってくるのが、彼らをサポートする保護者の存在です。

保護者の方に特に意識してほしいことは、子供の頃の食生活が、将来成人した時の体質を決める重要な要素になるということです。身体のベースを作る幼少期に偏った食生活をしていると、中高生や大学生になった時に怪我をしやすい身体になったり、病気がちになったりすることも十分に考えられます。しかも一度できあがった体質や食習慣は、簡単に変えられないものです。保護者としては、その点を理解したうえで子供の食事をサポートする必要があります。

また、食事は身体の栄養であると同時に、豊かな心を育む要素のひとつでもあります。身体作りのために必要な栄養素だけを摂るのではなく、「食事を楽しむ」ということを子供に伝えるようにしましょう。

子供の頃から食事を楽しみ、食べることをポジティブに捉えている選手は、結果として怪我をしない丈夫な身体を持っているケースがよくあります。保護者として、また彼らを身近で応援するサポーターとして、食事の楽しさを子供に伝えることを心がけて下さい。

寮の食堂でチームメイトと一緒に楽しく食事をする帝京大学ラグビー部員

PART 1

Attack
アタック

Attack
アタックの原則と考え方

アタックの練習を行う前に、アタックの原則と構造を
しっかり理解しておく必要があります。
ここでは、大前提として頭に入れておいてほしいことを紹介します。

アタックの原則とプレーのサイクル

得点するために必要な原則とサイクルを理解しよう

アタック（攻撃）の最終目的は得点（スコア）することにあります。しかし、アタックの原則を理解しないまま、ただ闇雲にアタックを仕掛けても、効率よく得点することはできません。そのためにも、まずはアタックの原則についてしっかり理解しておく必要があります。

まず得点するためには、相手チームとのボール争奪からボールを獲得したうえで、得点できる地域（敵陣）にボールを運ぶ必要があります（前進）。そして、ボールを前に運ぶためには、相手に圧力（プレッシャー）をかけてディフェンスラインを下げさせることが重要になり、そのための手段がラン、ヒット、パス、キックといったプ

アタックの原則

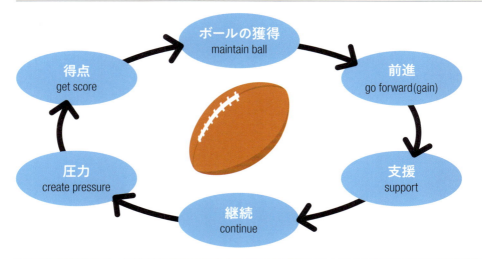

レーになります。また、1度のアタックで得点できるとは限らないので、チームとしてアタックを重ね、継続することが重要になります。

つまり、ボールを獲得することから始まり、「前進（go forward）」と「支援（support）」を継続することで「圧力（create pressure）」をかけ、ディフェンスのストラクチャーを壊して敵陣に前進し、「得点（get score）」するというのがアタックの原則になります。そして、トライ、ドロップゴール、ペナルティゴールといった方法により、得点というアタックの最終目的に辿り着くことができるのです。

ただし、アタックの原則を実行するうえで、各選手は下の図にある「ポジショニング（positioning）」「前を見る（look）」「コミュニケーション（communication）」「プレーの実行（execution）」という4つのプロセスで成り立っているプレーのサイクルを、正しく繰り返す必要があります。

たとえば、敵陣に前進する時は、まず各選手がポジショニングして、前（相手ディフェンスの状況）を見て、どこに攻めるのか味方とコミュニケーションをとってプレーを実行することにより、効果的にボールを前に運ぶことができます。逆に、うまくいかない時はプレーのサイクルを正しく実行できていない時です。どこかでミスが起こってしまうとボールを前に運ぶことができなくなってしまうので、全員が正しくプレーのサイクルを繰り返すことが大切になります。

選手は、このプレーのサイクルをしっかり理解しておく必要があります。本書で紹介するドリルを行う時も、そのことを忘れないようにして下さい。

プレーのサイクル

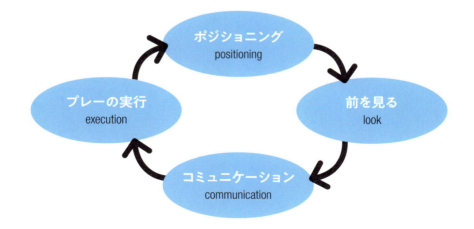

ボールを運ぶためのプレー選択

ボールを獲得したらスペースを探しプレーを選択してボールを運ぶ

アタックの原則で確認したように、ボールを獲得したら前進する段階へと移ります。そこで重要になるのが、前進するためにどこへボールを運ぶかという点です。相手（ディフェンス）が待ち構えている場所にボールを運んでしまうと前進がむずかしくなるうえ、相手にボールを奪われてしまうリスクも高まってしまいます。

そこで、前を見ることが重要になります。前を見ることによって、相手の状況を確認し、そこにチャンスがあるかどうかを

近距離（クロス）

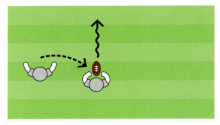

中距離（ミドル）

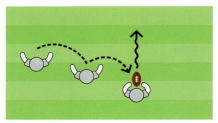

長距離（ワイド）

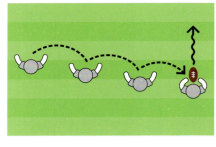

ラックサイド（ピックゴー）

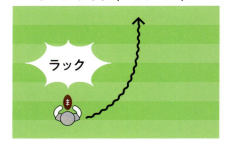

ロングキック

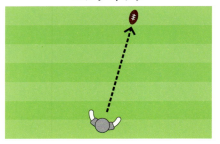

ハイパント、グラバーキック

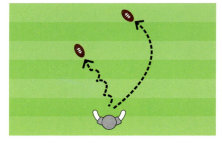

判断することができます。

そして、チャンスがあればスペースにボールを運びます。そのためには、パス、キック、キャリーなど、状況によってどのようにしてボールをスペースに運ぶかを判断し、味方とコミュニケーションをとることが重要になります。

なお、スペースには近距離、中距離、長距離、方向性には順目、逆目、キックには地域獲得をするためのロングキック、キックしたボールを奪い返すハイパントといったプレーの選択があります。どれを選ぶかも含め、選手には適切なプレーの選択をする判断力とコミュニケーション力が求められます。

パス（順目に運ぶ）

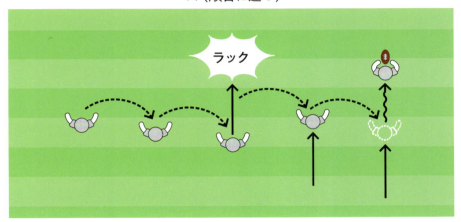

パス（逆目に運ぶ）

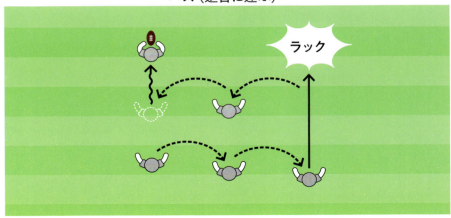

スペース(チャンス)を作る

スペースが見つからない時は
相手DFを集めてスペースを作る

　圧力を作るためには、前進と支援を継続する必要があります。

　しかし、相手（ディフェンス）もアタックを阻止するために対抗してくるため、アタックは前を見てもチャンスが見つからないという状況が生まれることがあります。その場合は、自分たちのプレーによって、新たなチャンスを作り出す必要があります。そして、継続してチャンスを作り出すことによって相手に対する圧力を作り続け、最終的にアタックの目的である得点につなげ

相手ディフェンスを集めてスペースを作る

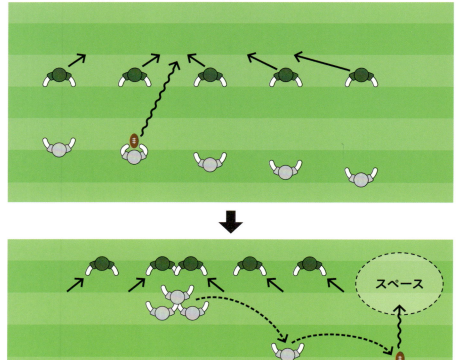

PART 1 Attack アタック

ていくことができるのです。

　たとえば、アタック側が接点で勝ってゲインラインを上げることができれば、ディフェンス側はアタック側の前進を阻止するために人数をかけて守ります。すると、ボールから離れた場所が手薄になるため、そこにスペース（チャンス）が生まれます。アタック側は、そのスペースへボールを運ぶことで、さらに前進することができます。

　ただし、せっかくディフェンスを集めてスペースを作ったとしても、P36〜37で紹介したプレーのサイクルの実行が遅いと、ディフェンス側にスペースを埋める時間を与えることになってしまいます。そうならないためにも、アタック側はプレーのサイクルを素早く行う必要があります。

　そこでポイントになるのが、コミュニケーションです。サポート選手のコール（パス、キャリーなど）がはっきりしていれば、ボールキャリアが判断に迷うことはありません。逆に、サポートのコールがないとプレー選択を誤り、ディフェンス側にスペースを埋められるだけでなく、ミスが起こってボールを相手に奪われてしまうことにもつながってしまいます。そうならないためにも、練習の時から必ずコミュニケーションをとるように心がけて下さい。

　ここまで、アタックの原則に沿って「ポジショニング」「前を見る」「コミュニケーション」「プレーの実行」というサイクルが、アタックを仕掛けるうえでいかに重要であるかを説明しました。試合でそれを実行するためにも、練習の段階からこのことを頭に入れて実行するようにして下さい。

DRILL 1

「キャッチ&パス」ドリル

ソフトリスト

[**ドリルの設定と方法**]

スローフォワードにならないように3人が3m間隔でラインを作り、もう1人が対面に立つ。最初は左回りでパスを回し、コーチの笛（合図）によって、ラインを修正してから今度は右回りでパスを回す。パスを受ける前は必ず出し手に「パス」とコールする。

[**ドリルの目的と目標**]

ドリルのメインは3人の真ん中の選手（濃いグレー）。出し手側でハンズアップしてキャッチし、そのまま腕をスイングして反対側の味方にパス。身体を正面に向けたまま腕のスイングでパスすることで無駄のない動きを心がける。ボールを増やしたり、パスのスピードをアップしたり、パスの距離を長くしたりして、少しずつ難易度を上げてパススキルを磨く。

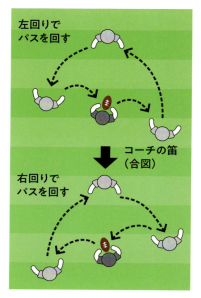

左回りでパスを回す

コーチの笛（合図）

右回りでパスを回す

チェックポイント パスを受ける時は必ずハンズアップしてキャッチする

パスの出し手のほうにハンズアップしてコール。自分の身体より出し手の側でキャッチする

反対側の味方からコールされたら、まず見る。そして素早く正確にパスする

✗ パスを正面で受けない

正面でキャッチすると次にパスする時に腕を振り直す必要が生じるので要注意

応用ドリル パスの距離を長くしたり、ボールの数を増やしたりして難易度を上げる

3m間隔に慣れたら、次に5m間隔に広げて行う。距離が広がっても素早く正確にパスを回す

ボールの数を2つ、3つと増やす。ボールを増やすことでプレッシャーの中でのパスに慣れる

正確かつ素早くパスを回せるようになったら、お互いの間隔を広げ、パスの正確性を磨く（写真左）。またはボールを2つ、3つと増やし、パススピードと正確性を磨く（写真右）。どちらもチェックポイントを意識し、パス前のコールを忘れないこと

連続写真で確認しよう

スローフォワードにならないように3人が斜めのラインを作り、対面に1人が立って4人で左回りのパス回し

↓

パスを受ける前は「パス」とコールし、出し手側にハンズアップ。出し手はコールした選手を見て正確にパス

↓

パスを受けたら腕をそのまま右に振ってハンズアップする味方にパス。ここでもコールがあってからパスする

↓

パス回しをしている最中にコーチの笛が鳴ったら、素早く右回りでパス回しをするためにラインを修正

スローフォワードにならないように逆向きにラインを修正したら、今度は左回りでパス回しをする

↓

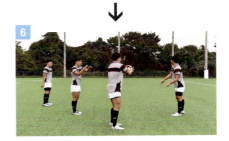

↓

↓

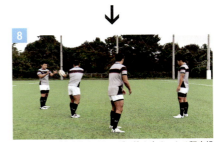

コーチは再び適当なタイミングで笛を吹く。ある程度繰り返したら、順番に4人の配置を変更する

DRILL 2

「キャッチ&パス」ドリル
ロールボール

[**ドリルの設定と方法**]

4人1組になり、全員が同じ方向を向いて4m間隔で縦一列に並ぶ。先頭の選手から順番に後方の選手へパスする。4人目までパスが渡ったら、全員が180度反転。同じように前から順番にパスを回す。2往復したら配置変えをする。

[**ドリルの目的と目標**]

しっかり上半身をひねり、外側の手をパス方向へ押し出すイメージを心がける。ボールを投げ終わった後はパスした選手に向って腕が伸び、フォロースルーがとれているかを確認する。手の振りだけでパスするとフォロースルーの両腕がバラバラの方向を向いてしまい、正確なパスを投げることができないので注意。慣れたらパスの距離を長くする。

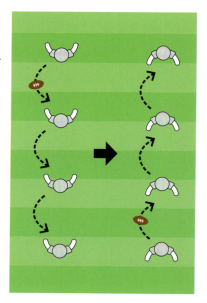

チェック ポイント パスする時は上体をひねり、フォロースルーを意識する

上半身をひねって、投げる時に体幹がブレていないことを意識する

後方の味方のコールに従って上体をひねってパス。パスを投げる時はハンズアップする味方の方を見て投げる

パスした後の両腕の動きに注意。両腕をパス方向に向けてしっかりフォロースルーをとること

✕ フォロースルーの腕がパス方向と異なる方向に向かないように注意

パスの受け手を見ていないうえに、上半身のひねりも中途半端な状態でパスしている

写真のように、手の振りだけでパスを投げるとパスの精度も低下してしまう

手の振りだけで投げると、フォロースルーの腕がバラバラで、パス方向とは異なる方向に残ってしまうので注意する

連続写真で確認しよう

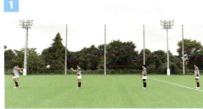

同じ方向を向いて1列になった4人の先頭の選手から順番に、後ろの選手に正確なパスを投げる

↓

パスを受ける選手は事前のコールを忘れない。また、しっかりハンズアップしてパスを受けること

↓

パスを投げた後はフォロースルーを受け手の方向にしっかり向けることを忘れないようにする

↓

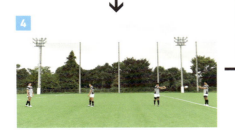

4人目の選手までパスが回ったら、全員が180度回転する。今度は逆方向から同じようにパスを回していく

↓

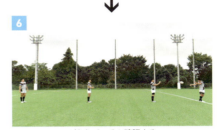

フォロースルーがとれているか確認する

↓

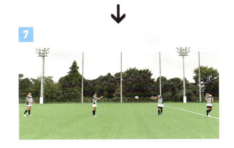

↓

4人目までパスが回ったら再び180度回転。同じようにパスを回し、2往復したら選手の配置を変えて繰り返す

DRILL 3 「キャッチ&パス」ドリル
フラット&ディープパス

[**ドリルの設定と方法**]

Aがパス出しの役、Bがフラットパスの受け手、Cがディープパスの受け手となる。Aがパスする前にBが「フラット」とコールし、AはBにパス。ボールをAに戻したら、Cが「ディープ」とコールし、AがCにパス。

[**ドリルの目的と目標**]

Aが受け手のコールに合わせてフラットとディープのパスを投げ分けることを目的とするパスドリル。事前にBとCはコールする順番を決めておく。パスの距離は7mからスタートし、段階的に距離を広げていく。パスとキャッチの基本を意識して、コールされてから素早く正確に行うことが重要。

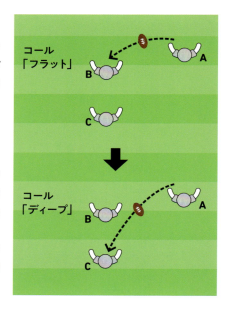

応用ドリル　SH役を1人追加してAのキャッチからパスへのスキルを磨く

1 SHの場所に5～10個のボールを用意する。まずはAの「パス」コールに合わせてSHからAにパスを出す

2 Aがパスを受ける前にBが「フラット」とコール。AはSHからのパスをキャッチしたらBにフラットパス

3 ボールを受けたBがボールを足元に置く間に、再びAがコール。すかさずSHはAにパスを渡す

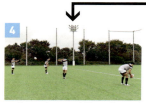

4 AがSHからのパスを受ける前にCが「ディープ」とコール。そのコールに合わせて、AはCにディープパス

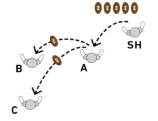

SH（スクラムハーフ）役を追加して、Aがキャッチからパスを投げる一連のスキルを磨くためのドリルに発展させる。AはSHからのパスを受ける前に、コールすることとハンズアップすることを忘れないこと。ボールの数は任意とし、終わったら順番に配置を変える。また、逆方向のパスで同じように繰り返す

連続写真で確認しよう（フラット→ディープの順番）

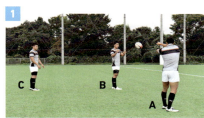

Bの「フラット」というコールに合わせて、AはBに素早く正確なパスを投げる。Bはハンズアップしておく

↓

↓

Bはパスを受けたら、一度Aにボールを戻す。Aにボールが戻る間に、今度はCが「ディープ」とコールする

↓

Cの「ディープ」というコールに合わせて、AはCにディープパスを投げる。Cはハンズアップしておく

↓

Cはボールを受けたら、Bを経由してAにボールを戻す（CからAに直接ボールを戻しても問題ない）

↓

Cからボールをもらったら、BからAにボールを戻して次の準備をする

↓

Aにボールが戻る間に、次のパスの受け手となるBが「フラット」とコール。AはBにパスを投げる

「キャッチ&パス」ドリル

DRILL 4

インサイドキャッチ

[**ドリルの設定と方法**]

4人が目印となるラインの手前に立ってパスラインを作る。AからDまで順番にパス。Dにボールが渡ったら、再びラインの手前でパスラインを作って同じようにAまでパス。パスを受ける時は内側（パスが来るほうの側）の足を前に出し、ラインを踏むか越えてキャッチする。

[**ドリルの目的と目標**]

パスを受ける時は内側の足を前に出してキャッチすることを意識する。パスをキャッチする時は内側の足（パスが来るほうの側）を出すこと。そうすることで外側の視野を確保でき、次のプレーの判断を素早く行うことができる。なお、パスをもらう前のハンズアップとコールを忘れないこと。

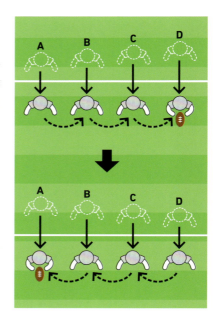

チェックポイント パスを受ける時は内側の足を前に出してキャッチする

パスを受ける前は、まずしっかりとハンズアップして「パス」とコールをすること。パスする選手はコールがあってからパスする

パスを受ける時は内側（パスが来るほう）の足を前に出してキャッチする。それにより、外側の視野が広がって次のプレー選択にも好影響が出る

もし外側の足を前に出してキャッチすると、次のパスまでに余計な1歩が必要になるので、必ず内側の足を前に出してキャッチすること

連続写真で確認しよう

AからBにパス。Bはパスをもらう前に、ハンズアップして「パス」とコールする

↓

Bは内側の足を前に出してキャッチ。キャッチしたらCのリードコールに従って素早くパス

↓

同じくCも内側の足を前に出してキャッチし、Dのリードコールに合わせて素早くパスする

↓

Dも内側の足を前に出してキャッチ。Dまでボールが渡ったら、ラインを作り直して今度は逆方向にパスを回す

DからAに向かって順番にパスを回す。内側の足を前に出すことを意識してキャッチする

↓

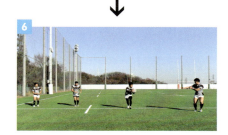

↓

↓

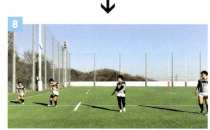

BからAにパスし、Aがキャッチしたら1本終了。1往復したらポジション（位置）を移動し、繰り返す

DRILL 5 「ラン＆キャッチ＆パス」ドリル
走りながらキャッチ＆パス

[**ドリルの設定と方法**]

横5m、縦10mの距離を目安に4つのマーカーを設置。2人1組になり、マーカーのところに立って並ぶ。それぞれ10m先に設置したマーカーに向かって真っ直ぐ走り、Bのコールに従ってAが走りながらパス。これを往復して繰り返す。

[**ドリルの目的と目標**]

「パス＆キャッチ」のポイントを意識し、走りながらパスしても正確なパスができるようにする。マーカーをディフェンスに見立て、常に真っ直ぐ走って（ストレートラン）相手を引きつけることをイメージしながら行う。慣れたら走るスピードを上げたり、パスの距離を長くしたりする。試合を想定し、相手のプレッシャーがかかった状況をイメージして行う。

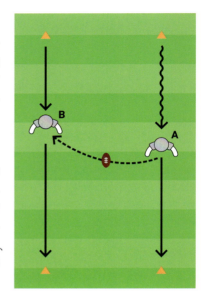

チェックポイント 常にストレートランを忘れず、相手DFを引きつけるイメージで行う

パスとキャッチの基本を怠らず、常にストレートランを心がけて相手DFを引きつけるイメージで行う

✕ 内側に入らない

パスの際に内側へ入ってしまうと体勢を崩してしまう。また、相手DFを引きつけられない

✕ 外側に流れない

パスしたあとに外側（向かって左側）に流れると味方のスペースを潰してしまう

応用ドリル 人数を増やして、ラン＆パス＆キャッチを連続して行う

6人以上で行う場合は、マーカーを挟んでお互いが向き合ってから2人1組が順番に往復を繰り返す

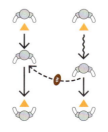

このドリルを発展させて、6人（2人1組を3グループ）にして行う。プレーしている組のラン、パス、キャッチの精度を順番待ちの2組がチェックし、正しくない場合は声をかけて修正する

連続写真で確認しよう

ボールキャリアーがマーカーに向かって真っすぐに走る。同時にパスの受け手となる選手も並行して走る

パスの受け手の選手は、自分がパスをもらいたいタイミングでボールキャリアーに「パス」とコールする

パスする時は、パスの受け手のほうをしっかり見てパスする

パスを投げた後もストレートランをキープし、相手DFを引きつけるイメージを忘れずに行う

パスを受ける時はハンズアップして内側でキャッチする

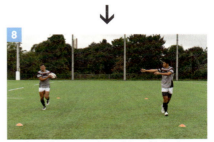

パスをした後もストレートランをキープすること

「DFを加えた ラン＆キャッチ＆パス」ドリル

コンタクトの強度に注意

2対1

[ドリルの設定と方法]

アタック（AT）側のAとBが横6m、縦10m幅のマーカーに立ち、ディフェンス（DF）側のCはAの対面に立つ。AT2人がストレートランし、CがAに向かった場合はBが「パス」とコールしてAはパスを選択。CがBに向かった場合はBが「キャリー」とコールしてAはキャリーを選択する。Bのコールがない場合は、Aはキャリーする。

[ドリルの目的と目標]

前（DFの動き）を見ながらプレーを選択する判断力や2人の連携を向上させ、相手のプレッシャーがある中でパス、キャッチのスキルを磨く。少しずつスピードを上げて、試合のプレッシャーに近づける。

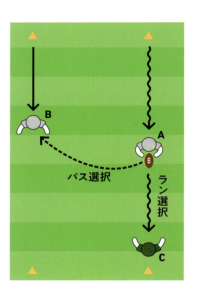

チェックポイント ストレートランで走ってDFを引きつけてパスする

ストレートランで相手を引きつけてからパスする

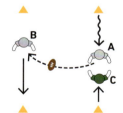

まずボールキャリアーのAはストレートラン。向かってくるDF（C）を十分に引きつけてからBにパス。引きつける前にパスしてしまうと、DFはBに対するプレッシャーをかけやすくなる。トップスピードで行うと、よりDFを引きつけることができる

チェックポイント 「キャリー」を選択した場合、試合をイメージしてサポートに入る

BはCをかわしてAのサポートに入る

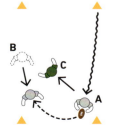

前方にスペースがあり、Bが「キャリー」とコールしたら、Aは前方のスペースへキャリーする。Bはディフェンス（C）をかわしてAのサポートに入る。そして、Bが「パス」とコールし、AがBへパスする

PART 1 Attack

アタック 「DFを加えたラン&キャッチ&パス」ドリル

DFがAに向かってきた場合（パス）

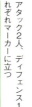

アタック2人、ディフェンス1人がそれぞれマーカーに立つ

AとBは真っ直ぐ走り、BはCの動きを見て「パス」とコール

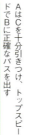

AはCを十分引きつけ、トップスピードでBに正確なパスを出す

Aはパスした後はBのサポートに入る

DFがBに向かってきた場合（キャリー）

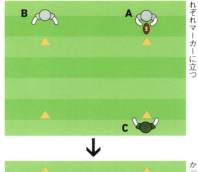

アタック2人、ディフェンス1人がそれぞれマーカーに立つ

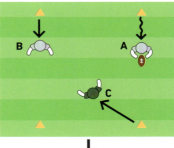

AとBはストレートラン。BはCが向かってきたので「キャリー」とコール

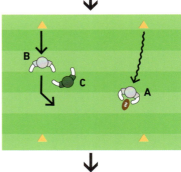

Aはパスしないでキャリー。BはAのサポートに入る

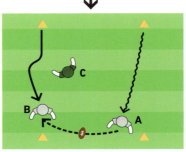

BはCをかわしてAのフォローに走り、Aからパスをもらう

連続写真で確認しよう（パス）

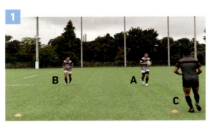

アタック2人が真っ直ぐ走り始め、ディフェンスCはボールキャリアーAに向かってプレッシャーをかけにいく

↓

アタックBはCがボールキャリアーAに向かってプレッシャーをかけていることを確認し「パス」とコール

↓

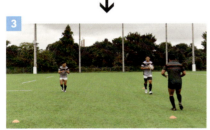

AもBもストレートラン

↓

AはストレートランでディフェンスCを十分に引きつけてから、Bに正確なパスを出す

AはBを見てパスをする

↓

Bはストレートラン

↓

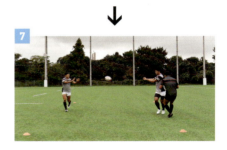

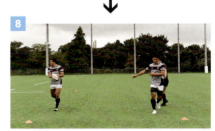

なお、このドリルでは、DFはポジショニングと動きを行うのみとし、コンタクトはしない

連続写真で確認しよう（キャリー）

アタック2人がストレートランを始め、ディフェンスCもマーカーの位置から動き始める

ディフェンスCはアタックBに向かって、斜め方向にプレッシャーをかけにいく

ディフェンスCが自分の方に向かってプレッシャーをかけてきたので、BはAに「キャリー」とコールする

ボールキャリアーAは、Bの「キャリー」のコールに従って、自分の前方にあるスペースに向かって走る

BはプレッシャーをかけてきたCをかわす。その際、DFのCはBにコンタクトしない

BはプレッシャーをかけてきたディフェンスCをかわした後、Aのフォローに入って「パス」とコールする

AはBのコールに従ってパスする

「DFを加えた ラン＆キャッチ＆パス」ドリル

コンタクトの強度に注意

2対2

[ドリルの設定と方法]

AT2人（AとB）、DF2人（CとD）が横6m、縦10m幅のマーカーに立ち、AT2人がストレートラン。その際、Dの位置（動き）によってパスの受け手Bは走るコースを変えて対応する。DF2人は毎回状況を変えて行う。

[ドリルの目的と目標]

AT2人がDFの動きを見て的確な判断を下す力を養う。Dが内側からきた場合、Bは前方のスペースにストレートランしてパスをもらう。Dが正面からきた場合はアングルを内側に変えてパスをもらうなど、相手（前）を見て判断し、コミュニケーションをとってプレーする。少しずつスピードを上げる。

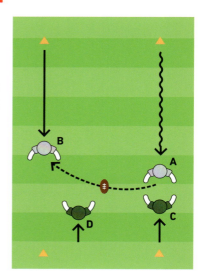

Bの前にスペースがあるケース

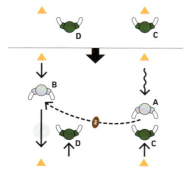

Dがマーカーより内側からスタートした場合は、ATのBの前にスペースが生まれる。前を見てそれを瞬時に判断したBは「パス」とコールし、Cを引きつけたAがBにパス。BはDをかわして正面のマーカーに向かって走る。慣れたらAT、DF双方がスピードを上げて行う。スピードが上がっても正確なプレーをすること。DF側はコンタクトレベルを下げて行う（タッチのみ）。

Bの前にスペースがないケース

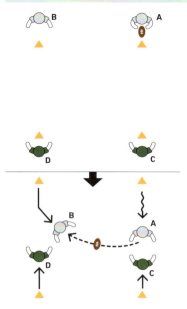

Ｄ が ＡＴ 側の Ｂ の正面からプレッシャーをかけてきた場合、Ｂ は ＤＦ ２ 人のギャップを突き、内側にアングルチェンジして Ａ からパスを受ける。なお、ここで紹介していないが、ＤＦ の Ｃ が Ａ ではなく、Ｂ へプレッシャーをかけてきた場合は Ａ の前にスペースが生まれるので、Ａ はキャリーを選択する。そして、Ｂ が Ｄ をかわしてからパスをもらう。

チェック ポイント パスを受ける時はDFの位置と動きによって最適なコースを走る

✗ Bは内側に走ってパスを受けるとDに止められてしまうので注意する

| 自分の前方にスペースがある状況でボールキャリアーに「パス」とコール | 対面のDFの位置を確認せず、内側に走ってパスを受けようとする | 待ち構えていたDFのタックルを受けてしまうので注意する |

応用 ドリル 人数を増やし、連続して同じドリルを繰り返すことで判断力を磨く

アタック２人、ディフェンス２人を増やし、計８人で連続して行う

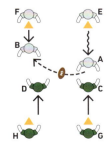

ＡＴ側２人、ＤＦ側２人を加えると連続して効率よく行えるうえ、見ている選手がプレーしている選手をチェックすることも可能になる。人数が多すぎると休む時間が増えるので、８人以上いる場合はグループを分けて行うとよい

連続写真で確認しよう（Bの前にスペースがあるケース）

1

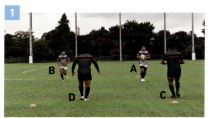

AT側2人はストレートラン。DF側のD（左手）はマーカーより内側から走ってプレッシャーをかける

↓

2

AT側のAとBはストレートラン

↓

3

Bは前を見て、前方のスペースを確認したうえで、走りながら「パス」とコールする

↓

4

AとBはストレートランをキープする

5

ボールキャリアーのAは、正面のDF（C）を引きつけてからBへパスする

↓

6

パスを受けたBは正確にボールをキャッチ。自分の前に空いているスペースに向かって走る

↓

7

↓

8

AT側がDFの位置と動きを正しく判断したことにより、ディフェンスラインの突破に成功

連続写真で確認しよう（Bの前にスペースがないケース）

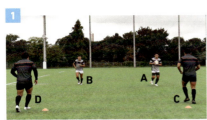

AT側2人はストレートラン。DFのD（左手）は対面のBの正面からプレッシャーをかける

↓

正面からDが向かってきたので、Bは走るアングルを内側に変えて「パス」とコールする

↓

↓

BはAからのパスを正確にキャッチ。AはパスしたらBのサポートに入る

↓

内側にアングルを変えて走ったBはDF2人のギャップを突く

↓

↓

AT側がDF2人の位置と動きを正しく判断したことにより、ディフェンスラインの突破に成功した

「DFを加えた ラン＆キャッチ＆パス」ドリル

4対2

[ドリルの設定と方法]

ＡＴ側４人、DF側２人がそれぞれ横15m、縦10m幅のマーカーに並び、ＡＴ側が攻撃を仕かける。DF２人は内側から外側に向けてスライドし、タッチの外に追い込むようにディフェンスをする。ＡＴ側はディフェンスを突破する。

[ドリルの目的と目標]

アタック側は数的優位で外側にスペースがある状況。外に追い込むようにスライドしながらプレッシャーをかけてくるDF２人を突破する。ストレートランで相手を引きつけることを意識して行う。少しずつスピードを上げ、その中でもパスやキャッチが乱れないようにする。

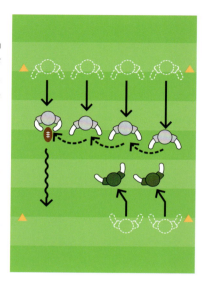

チェック・ポイント DF２人の間にスペースがあれば迷わずキャリーを選択する

DF２人の間にギャップが生まれたので２人目の選手がキャリーを選択

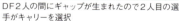

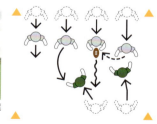

ＡＴ側はDF２人の位置と動きをよく見て、状況に応じたベストな判断を下す。この場合、DF２人の間にギャップが生まれたので、ボールキャリアはキャリーで突破。外側のＡＴはDFをかわしてサポートに入る

応用ドリル 4対2に慣れたらディフェンスの人数を増やしていく

DF側を３人に増やしてアタックへのプレッシャーが厳しい状況を設定して行う

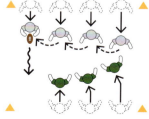

4対2を発展させて、DFを１人増やした「4対3」で同じドリルを行う。ＡＴ側にとってはよりプレッシャーがかかる状況となる。その中でも、DF側の位置と動きをよく見て４人が共通意識を持って突破を図る

連続写真で確認しよう

1

AT側は内側の選手（写真右手）からボールを持ってスタート。ストレートランで対面のDFを引きつけてパス

↓

2

DF2人が外に向かってスライドしながらプレッシャーをかけてきたので、AT側の内から3人目の選手がコール

↓

3

ストレートランでDFを引きつけてパスする

↓

4

AT側の2人目の選手からのパスを3人目の選手が正確にキャッチ。大外の4人目の選手が状況を見てコール

5

外に流れないでストレートラン

↓

6

アタック側の3人目の選手が、大外の選手の「パス」というコールに従って正確なパスを投げる

↓

7

ストレートランでDFを引きつけたことで外にスペースが残っている

↓

8

DF2人のスライドが追いつかず、AT側の大外の選手がフリーの状態でパスを受け、DFを突破

「コンタクト（1対1）」ドリル
ウィークショルダー&ヒット

コンタクトの
強度に注意

[**ドリルの設定と方法**]

AT（ボールキャリアー）1人、SH（スクラムハーフ）1人、DF（タックラー）1人の計3人で行う。SHからパスを受けたATが（キャリア）が正面から向かってくるDFの位置と動きを見てウィークショルダーを作ってヒットする。

[**ドリルの目的と目標**]

ATがウィークショルダーを作ってヒットするスキルを磨くためのドリル。DFの立っている位置と動きを見て、外側か内側のどちらにずらしてからヒットするかを判断する。タックルを真正面で受けたり、流れたまま斜めからタックルされたりしないように「ウィークショルダーを作る」スキルを習得する。

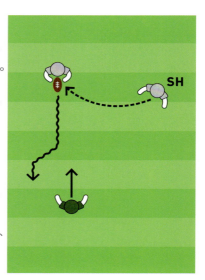

外側にずらしてウィークショルダーを作ってヒット

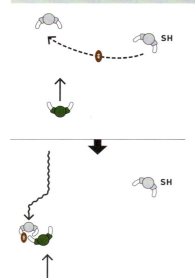

ATは、正面から向かってくる相手が立っている位置と動きを見て、外側（右側）にずらしてからウィークショルダーを作ってヒットする。ヒットする時に、内側の足（左足）を前に出すことがポイントになる。ウィークショルダーを作ってヒットできれば、タックルをまともに受けずにその後のプレーで優位に立つことができる。チェック役（SH）をつけて、繰り返しトレーニングしてコツを覚えること。

内側にずらしてウィークショルダーを作ってヒット

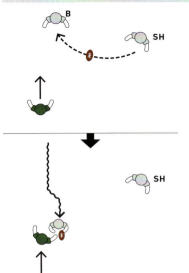

ＡＴは、外からかぶり気味に向かってくる相手を見て、内側（右側）にずらしてからウィークショルダーを作ってヒットする。ヒットする時に、右足を前に出すことがポイントとなる。左足が前に出た状態でヒットすると、体勢的に強くヒットできないので注意すること。また、次のプレーでＡＴ側が優位に立つために、相手の動きを見てずらす方向を判断すること。

チェックポイント　「流す」のではなく、「ずらす」ことでよいヒットが可能になる

✗ 外に流れて身体が開いたままタックルされると接点で負けてしまう

向ってくるDFをかわそうと、外に流れて走っている

DFが近づいた時、身体が外に開いた状態になっている

身体が外を向いた状態でよいタックルを受けると接点で勝てない

チェックポイント　相手の位置と動きを見てよいタックルを受けないように判断する

✗ 正面から来る相手にそのままヒットするとよいタックルを受けてしまう

ＳＨからボールを受ける時、正面から相手が向かってきている

外側にも内側にもずらせないまま、相手のタックルを正面で受けてしまう

正面からよいタックルを受けたため、接点で勝つことができない

連続写真で確認しよう（外側にずらす）

ＡＴとＤＦが10mくらいの距離で向かい合い、ＡＴの選手がＳＨからパスをもらう

↓

↓

ＡＴ（ボールキャリアー）はＤＦの位置を確認する

↓

ＡＴはＤＦが内側にいるので外側へずらす

↓

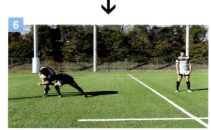

ウィークショルダーを作ってヒットする。この時、内側の足が前に出ているようにする

↓

そのままドライブする

↓

ドライブすることで、ＤＦの裏に出ることができる

連続写真で確認しよう（内側にずらす）

ATとDFが10mくらいの距離で向かい合い、ATの選手がSHからパスをもらう

ATはDFの位置を確認する

AT（ボールキャリアー）は向かってくる相手がタックルする前に内側にずらす動きを入れる

内側にずらして、ATがウィークショルダーを作ってヒット

相手側の足（右足）を前に出す

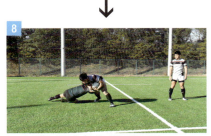

ヒットの後にドライブして、DFの裏に出る

DRILL 10

「コンタクト（1対1）」ドリル
ドライブ＆ダウンボール

コンタクトの強度に注意

[ドリルの設定と方法]

　ＡＴ（ボールキャリアー）1人、ＳＨ（スクラムハーフ）1人、ＤＦ（タックラー）1人の計3人で行う。ＳＨからパスを受けたＡＴがタックルを受けた後、ドライブ（足をかいて前進）してからダウンボール（ボールを置く）する。

[ドリルの目的と目標]

　ドリル9（P62～65）の続編。タックラーとの接点で勝ったらしっかりドライブしてＤＦの裏に出る。その後、身体を外側に向けてクランチ（身体を折る）してダウンボールする。接点で勝てていない場合、タックラーが外からきた場合など、状況に応じた正しいドライブとダウンボールのスキルを磨く。

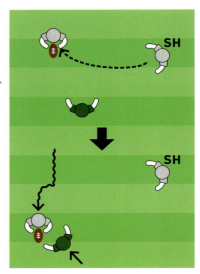

接点で勝った時のドライブとダウンボール

チェックポイント ドライブでDFの裏に出て、外向きにクランチしてダウンボールする

接点で勝ったらドライブしながらDFの裏に出るまで前進する

ボールにプレッシャーがかからないようにクランチしてダウンボール

「ドリル9」で習得したスキルで接点に勝ち、ドライブして前進する。ボールを運べなくなったら、相手のボールへのプレッシャーを避けるべく、身体を外側に向けてクランチ。この時の倒れ方が重要で、もし内側に向いて倒れてしまうと内側からのDFのプレッシャー、またはタックラーが邪魔になってボールをすぐに使えなくなってしまうので注意する。また、ダウンボールの時は少しでも相手から遠く（味方の近く）にボールを置くこと

✗ 内側に向けて倒れると、DFの選手がプレッシャーにくるので注意する

接点で勝ったため、タックラーの裏に出るまでドライブしている

タックラーの裏に出るものの、内側方向に倒れてしまった

内側に倒れると相手（DF）のサポート選手がプレッシャーをかけにきてしまう

接点で勝てていない時のドライブとダウンボール

チェックポイント 少しでもDFを押し上げて、その勢いで真っ直ぐにダウンボールする

少しでも前進してからその勢いで進行方向にダウンボール

ダウンボールしたら、その後にクランチする

イーブンの状態など接点で勝てていない状況においても、少しでもドライブして前進すること。そして、その勢いのまま進行方向に真っ直ぐダウンボールすることでタックラーの裏に出ることがポイントになる。もしドライブせずにすぐに倒れてクランチすると、タックラーが前にいる状態なのでそのままプレッシャーをかけられてターンオーバーされてしまうので要注意。自分の後ろにタックラーがいる状態にしてからクランチすること

✕ ドライブを止めてすぐに倒れると、DFに押し込まれてターンオーバーのピンチに

タックラーとの接点で勝てていない状態になっている

自分でドライブするのを止めて、すぐに倒れてしまった

この状態でクランチするとDFにボールを奪われやすい

相手DFが外側からタックルしてきた場合の対応

1 DFが内側ではなく外側のコースからタックルにきた

2 内側にずらし、ウィークショルダーを作る

3 ヒットして、前進するためにドライブする

4 ドライブすることで、DFの裏に出ることができる
5 素早くダウンボールする

ここではタックラーが外側から向かってきた時のドライブとダウンボールを紹介する。この場合、ボールキャリアーは内側にずらしてヒットすることで接点に勝ち、前進するためにドライブする。その後、外側に倒れてクランチすることがポイントになる。そして、ボールをすぐ使える状態にする。なお、タックラーはすぐにロールアウェイすること

連続写真で確認しよう(接点で勝った時)

ATとDFが10mくらいの距離で向かい合い、ATの選手がSHからパスをもらう

↓

ATの選手がパスを受け、DFが内側のコースからタックルにかかる

↓

ATの選手(ボールキャリアー)が走るコースを外側にずらす

↓

外側にずらした後、ウィークショルダーを作ってヒット。ドライブして前進する

DFの裏に抜け出るまでしっかりドライブしてから、外側の方向に倒れる

↓

自分の後ろ側にDFがいる状態にしてからダウンボールする

↓

しっかりクランチし(身体を折る)、少しでも相手から遠くへダウンボールする

↓

タックラーはロールアウェイしなければならないので、プレッシャーを浴びずに味方にボールを渡すことができる

連続写真で確認しよう（接点で勝てていない時）

ATの選手がSHからパスをもらい、DFがタックルに向かう

ATの選手（ボールキャリアー）がDF（タックラー）とヒット。接点で勝てていない（イーブンの状態）

AT（ボールキャリアー）はドライブしてDFを押し込んで前進する

ドライブすることでDFの裏に出る

その勢いのまま進行方向に真っ直ぐダウンボールする

クランチして、DFから遠くにダウンボールする

DFはロールアウェイをしなければならないので、プレッシャーを浴びずにダウンボールできる

「コンタクト（2対2）」ドリル
キャリーorパス

コンタクトの強度に注意

[**ドリルの設定と方法**]

AT2人、SH（スクラムハーフ）1人、DF2人の計5人で行う。AがSHからパスをもらうところから開始。Dが対面のBの前方のスペースをカバーするか、Aにプレッシャーをかけるかによって、AT側がキャリーかパスかを判断する。なお、選手間の距離は任意で設定する。

[**ドリルの目的と目標**]

DF側の動きを見て、AT2人の判断力を磨くドリル。特にBはDF側の動きを注視し、前方のスペースがなければ「キャリー」とコール、Aはキャリーを選択。前方にスペースがあればBは「パス」とコールし、Aからパスをもらってラン。少しずつスピードを上げて繰り返し行う。なお、DF側の動きは毎回変えて行う。

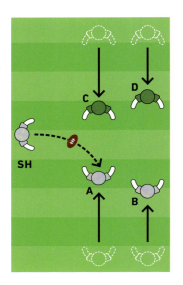

アタック側がキャリーを選択するケース

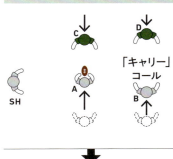

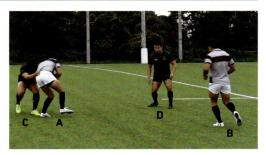

ATのAがSHからパスをもらった時、サポート役Bは自分の前方のスペースをDがカバーしていると判断したら、「キャリー」とコール（ノーコールの場合、ボールキャリアーのAはキャリーを選択）。Aは対面のCに対してウィークショルダーを作ってヒットする。BとDはそれぞれ接点のサポートに入る。

アタック側がパスを選択するケース

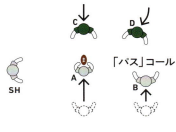

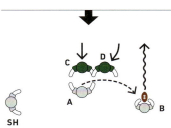

ATのAがSHからパスをもらった時、サポート役Bは対面のDがAにプレッシャーをかけに行ったので「パス」とコールする。Aはストレートランで相手を引きつけてからBにパスし、Bはランで抜け出る。Bのコールがなければ Aはパスしない。ここで紹介しているのは2対2のシーンの練習だが、15人対15人になっても自分が「キャリーするか」「パスするか」という判断の積み重ねは変わらない。

チェックポイント サポートBはボールキャリアーだけでなくDF側の動きもよく見る

最大のポイントとなるのは、AT側のサポート役を務めるBの瞬時の判断。素早く正確な判断を下すためにも、Bはボールキャリアー Aの状況のみならず、同時に対面Dの動きをよく見ることが重要になる。まずは判断力とスキルを磨くことが目標なので、少しずつスピードを上げて行う

サポートBの判断
- スペースがない→「キャリー」
- スペースがある→「パス」

前方にスペースがない　瞬時の判断　前方にスペースがある
キャリー　　　　　　　　　　　**パス**

連続写真で確認しよう（キャリー）

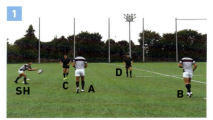

ATのAがSHからパスをもらい、ATのBはサポート。Cはボールキャリアーに向かって行く

サポート役Bは前方にスペースがないと判断し、「キャリー」とコール。Aはキャリーを選択する

キャリーを選択したAは、タックラーの動きを見ながらヒットする前に走るコースを外側にずらす

コースを外側にずらし、ウィークショルダーを作ってヒットする

AがCに対してヒットしたところで1本終了。BとDは接点にサポートに入るまでプレーを続ける

連続写真で確認しよう（パス）

ATのAがSHからパスをもらい、ATのBはサポート。Cはボールキャリアーに向かって行く

サポート役Bは対面のDがAにプレッシャーをかけに行く動きを見て判断し、「パス」とコールする

Aはディフェンスを引きつけてから、リードコールに従って、Bに正確なパスを投げる

Bが前方スペースに走って抜け出たら1本終了。最初からトップスピードで行わず、少しずつスピードを上げる

DRILL 12

「コンタクト」ドリル
コンタクト&サポート①

コンタクトの強度に注意

[ドリルの設定と方法]

選手間の距離を任意で設定し、AT2人、DF2人が向かい合って立つ。ボールキャリアーAが、向かってくるCに対してヒットする。Aが接点で立っている状態なので、Bは素早くサポートに入る。AT側2人がDF側2人を押して前進する。

[ドリルの目的と目標]

味方のコンタクトシーンで、ボールキャリアーが立っている状況におけるサポートのスキルを磨くためのドリル。AがDFのCにヒットした時、Aが立っている状態の場合、Bは素早くAのサポートに入る。BはAの背中に腕を回してバインドし、力強く前進を作り出す。バインドして前進する時は、姿勢を低くして行うこと。

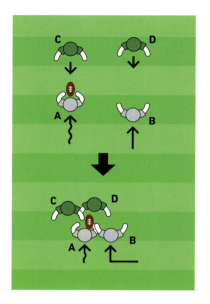

チェックポイント サポートに入る時はボールキャリアーの背中にコンタクトする

ボールキャリアーの背中に腕を回し、しっかりバインドする

低い姿勢でしっかりバインドすることで、力強く前進することができる

連続写真で確認しよう

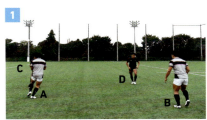

ATの2人とDFの2人が向かい合い、ボールキャリアーが走り始める。SHからパスをもらうパターンでも可

ボールキャリアーAは向かってくるDFのタックルを正面から受けないために、ヒット前に外側にずらす

ボールキャリアーが接点で勝てていないので、Bは素早くAのサポートに入る

サポートに入ったBはボールキャリアーAの背中にコンタクトし、バインドする

バインドしたら、相手のサポートに入ってきたDFのDも含めて2対2の状況となる

AとBがしっかりバインドした状態で、低い姿勢で力強く前進する

ある程度前進したら1本終了。慣れたら3対2や4対4など人数を増やして行い、サポートスキルを磨く

「コンタクト（2対2）」ドリル
ドライブorオフロード

コンタクトの強度に注意

[ドリルの設定と方法]

AT2人、SH（スクラムハーフ）1人、DF2人の計5人で行う。SHからパスをもらったAが接点で勝っているか勝てていないかによって、Aがドライブして前進するか、Bがサポートに入ってオフロード（ガット）するかを判断。選手間の距離は任意で設定する。

[ドリルの目的と目標]

接点の状況によってAT側のサポートが次のプレーを判断するドリル。Bは、Aが接点で勝っているか、勝てていないかをしっり見極める。勝っていればオフロード、勝てていなければAのサポートに入ってドライブを選択する。AT側2人はトップスピードでも適切な判断を下せるようにする。

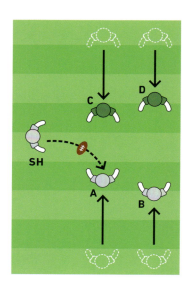

接点で勝てていない時はドライブを選択

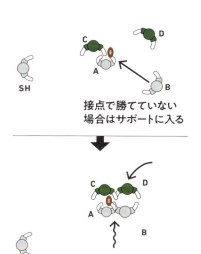

接点で勝てていない場合はサポートに入る

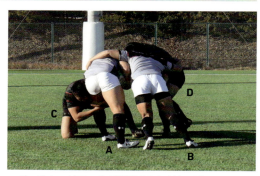

ボールキャリアーAが対面のCに対してウィークショルダーヒットした時、接点でAが勝てていない場合はできるだけドライブして前進する。Bは接点の状況を見て素早くAのサポートに入って一緒にドライブし、できるだけ相手を押し込んで前進する。ある程度前進したら1本終了。慣れたら、少しずつスピードを上げて行う。

接点で勝っている時はオフロードを選択

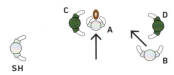

接点で勝っている
「ガット」コール

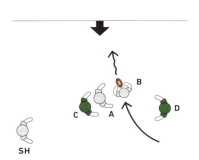

ボールキャリアーAが対面のCにヒット。Aが接点で勝っている場合、アタックBは接点の状況を見てオフロードを狙う。Bはボールキャリアー Aと対面のDの間のコースを走り、Aに「ガット」とコールしてボールをもらう。ボールを受け取ったBがそのままDFの裏に抜け出したら1本終了。なお、ボールキャリアーAが接点で勝っていても、ディフェンスDがオフロードをもらうスペースにいればインターセプトされる可能性があるので注意。

チェックポイント オフロードでボールをもらう時は接点の状況を正しく判断すること

ボールキャリアーが接点で勝っていると判断したら、サポートは「ガット」とコール

ボールキャリアーはリードコールに従ってボールを渡す準備に入る

Aの動きに合わせてBが走り込む。その際、焦らないこと

✕ 接点で勝てていない状況ではオフロードを選択しない

ボールキャリアーが接点で勝てていないにもかかわらず、サポート役は「ガット」とコール

ボールキャリアーがタックラーに押し込まれているため、うまくボールをもらえない

判断ミスによってボールキャリアーを正しくサポートができず、結果的に数的不利に陥ってしまった

連続写真で確認しよう（ドライブ）

ATのAがSHからパスをもらい、ATのBはサポート。Cはボールキャリアーに向かって行く

↓

サポート役Bは前方にスペースがないと判断し「キャリー」とコールする

↓

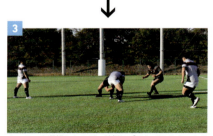

キャリーを選択したAが、外側にずらしてからタックラーCに対してウィークショルダーを作ってヒット

↓

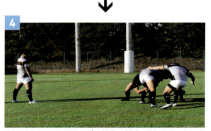

Aはできるだけドライブで前進。接点で勝てていないので、Bは素早くAのサポートに入る

サポートに入ったBがAにコンタクトし、一緒にドライブして前進。Dのサポートよりも早く入るようにする

↓

↓

AとBがドライブする

↓

AT側がある程度ドライブで前進したら1本終了。人数を増やすと連続して交互に行うことができる

連続写真で確認しよう(オフロード)

SHからATのAがパスをもらい、ATのBはサポート。Cはボールキャリアーに向かって行く

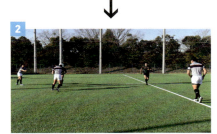

サポートBは前方にスペースがないと判断してサポートに入る。Aはキャリーを選択する

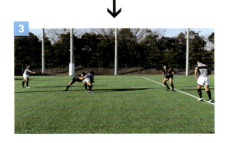

Aが接点で勝っていることを確認し、Bは走りながら「ガット」とコール。接点の方に向かって走る

Bのリードコールに従い、ボールキャリアAはボールを渡す準備に入る

BはAのタイミングに合わせてボールをもらいに行く

サポートに入ったBは、対面Dを外してAからボールをもらう(ガット)

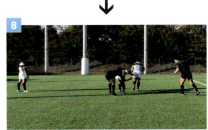

BがDFの裏に抜け出たら1本終了。AT側の判断力とスキルを磨くために少しずつスピードを上げて行う

DRILL 14

「コンタクト」ドリル
コンタクト&サポート②

コンタクトの強度に注意

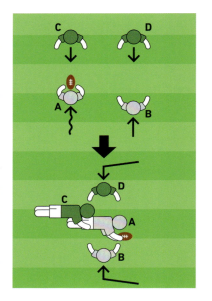

[ドリルの設定と方法]

選手間の距離を任意で設定し、AT2人、DF2人が向かい合って立つ。ボールキャリアーAが、向かってくるCに対してヒットする。Aが接点で倒れている状態なので、Bは素早くサポートに入って、Dをオーバーする。

[ドリルの目的と目標]

味方のコンタクトシーンで、ボールキャリアーが倒れている状況におけるサポートの際のスキルを磨くためのドリル。AがDFのCにヒットした時、地面に倒れている状態の時にBが素早くAのサポートに入る。ボールを奪いにきたDに対し、Bはタックルゲートの底辺から入ってDをオーバーする。その際、危険なので頭が下がった状態でコンタクトしない。

チェックポイント 反則にならないように必ず正面からサポートする

ボールキャリアーが倒れているのでサポートと判断。その際、ゲートオフサイドに注意

背中が地面と平行になる姿勢で肩でヒットし、ボールとDFの間に腕を入れるイメージ

ボールキャリアーのサポートに入る時は、必ず正面から接点に入ってオーバーする。また、頭が下がった状態で入ると怪我をするので、背中が地面と平行になるような姿勢で行うこと。ボールを奪いにきたDFに対して肩でヒットし、ボールと相手の間に腕を入れる。応用として人数を増やした状態でも練習する

✕ 正面からブレイクダウンに入らないと反則

ボールキャリアーとタックラーで作られたゲートにBは斜めから入っている

相手DFにバインドしてホイール（回転）しながら押し込んでいる

タックルゲートの横から入ると反則になるので要注意

連続写真で確認しよう

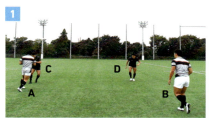

AT側2人とDF側2人が向かい合い、ボールキャリアーが走り始める。SHからパスをもらうパターンでも可

↓

ボールキャリアーが向かってくるDFのCにヒット。ATのBは接点の状況とDの動きを見る

↓

ボールキャリアーが倒れたので、Bは素早く接点に向かってサポートに入る

↓

Bは必ず接点に対して正面からサポートに入り、ゲートオフサイドに注意する

↓

ボールを奪いにくるDFに対して、背中が地面と平行になる姿勢にして肩でヒットする

↓

正しい姿勢で相手DFをオーバーする（押し上げる）

↓

そのまま前進したら1本終了。慣れたら人数を増やして行う

「コンタクト（2対2）」ドリル
ダウンボールorオフロード

コンタクトの強度に注意

[ドリルの設定と方法]

AT2人、SH1人、DF2人の計5人で行う。ドリル11と同じ方法で開始。ヒット後、BはAの接点での状況（勝ち負け）とDFの動きによって、オーバーするか、オフロードするかを判断する。選手間の距離は任意で設定する。

[ドリルの目的と目標]

Bは、ボールキャリアーAがタックラーCに接点で勝っているかどうか、対面のDがボールを奪いに来るかどうかを同時に見て、次を判断する。Aが接点で負けた場合はすぐにオーバーしてボールを確保する必要がある。Aが接点で勝った場合、Dがボールを奪いに来たらオーバー、来なければガット（オフロード）を狙う。

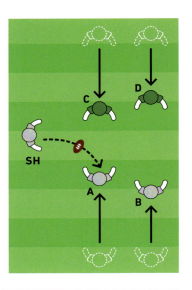

相手のサポートが来た場合は自分も接点に参加

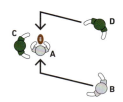

Dが接点に向かう場合は「ダウンボール」コール

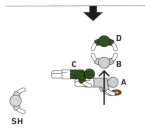

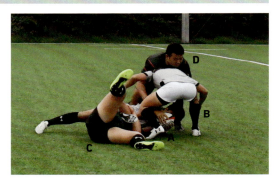

SHからパスをもらったボールキャリアーAが対面のCにヒットして地面に倒れる時、BはAが接点で勝っているかを確認すると同時に、Dの動きも確認する。Dが接点のサポートにきたら、「ダウンボール」とコールして自らも接点に参加。Dにヒットしてオーバーする。接点に向かうか向かわないかは、あらかじめディフェンスDが決めておく。

相手のサポートが来ない場合はオフロードを選択

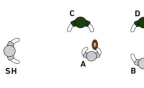

Dが接点に
来ない場合は
「ガット」コール

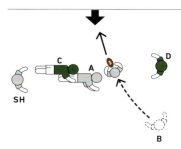

ボールキャリアーAが対面のCにヒットして地面に倒れたら、Bは接点と同時にDの動きを確認。Dが接点のサポートに来ない場合は、「ガット」とコールしながら接点に走る。BはボールキャリアーAのタイミングに合わせてボールをもらい（オフロードパス）、そのまま走ってDFの裏に抜け出る。抜け出たところで1本終了。判断力とスキルを磨くためにも、少しずつスピードを上げて繰り返し練習する。

チェックポイント 対面のDFの動きによって、素早く次のプレーを判断すること

サポートに来たDFをオーバーする

接点にDF側のサポートが来たら、ボールを奪われる前に、味方のサポートに入る

DF側のサポートに対して低い姿勢でヒットする。危険なので頭を下げてヒットしないこと

ヒットしたらオーバーし（押し上げる）、そのまま前進して相手を接点から後退させる

ボールキャリアーからボールをもらう

接点にDF側サポートが来ていないので、「ガット」とコールして接点に走る

ボールキャリアーのタイミングに合わせてボールをもらう（オフロードパス）

ボールをもらったら、そのまま走って相手ディフェンスの裏に抜け出る

連続写真で確認しよう（ダウンボール）

ATのAがSHからパスをもらい、対面のDFのCにヒット

↓

AがCに接点で勝った（もし負けた場合は、Bはすぐにオーバーする必要がある）

↓

Aが地面に倒れた時、Bは対面のDの動きを確認する

↓

Dが接点のサポートに入ったのを見て、Bは「ダウンボール」とコールしながらサポートに入る

Bは素早くAのサポートに入り、DF側のサポートに来たDにボールを奪われる前にヒットする

↓

ヒットする時は低い姿勢で行う。ただし、危険なので頭を下げた状態でヒットしないこと

↓

BはDに対してヒットしたら、そのまま相手をオーバーする（押し上げる）

↓

BがオーバーしてDを接点から離したら1本終了

連続写真で確認しよう（ガット）

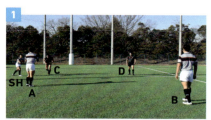

ＳＨからＡＴのＡがパスをもらい、対面のＤＦのＣはボールキャリアーに向かう

↓

↓

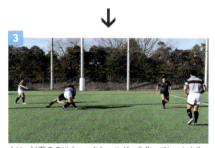

Ａは、対面のＣにウィークショルダーを作ってヒットする

↓

Ａが接点で勝ち、地面に倒れた時、Ｂは対面Ｄの動きを確認する

Ａが接点で勝ったことでＤは下がらなければならないので、次のプレーが遅れる

↓

Ｂは、相手ＤＦのサポートが接点にこないので「ガット」とコールしながら、接点に向かう

↓

Ｂは、Ａのタイミングに合わせて走りながらボールをもらう（ガット）

↓

ＢがＤＦの裏に抜け出たら１本終了。なお、ＡＴとＤＦを２人ずつ増やすと順番に効率よく行える

帝京大学ラグビー部 大学選手権 9連覇の軌跡

[監督：岩出雅之]

年度	全国大学選手権	決勝戦	主将	関東対抗戦
平成21年(2009)	優勝	2010年1月10日／国立競技場 対東海大学（○14-13）	野口真寛	4位
平成22年(2010)	優勝	2011年1月9日／国立競技場 対早稲田大学（○17-12）	吉田光治郎	4位
平成23年(2011)	優勝	2012年1月8日／国立競技場 対天理大学（○15-12）	森田佳寿	優勝
平成24年(2012)	優勝	2013年1月13日／国立競技場 対筑波大学（○39-22）	泉敬	優勝
平成25年(2013)	優勝	2014年1月12日／国立競技場 対早稲田大学（○41-34）	中村亮土	優勝
平成26年(2014)	優勝	2015年1月10日／味の素スタジアム 対筑波大学（○50-7）	流大	優勝
平成27年(2015)	優勝	2016年1月10日／秩父宮ラグビー場 対東海大学（○27-17）	坂手淳史	優勝
平成28年(2016)	優勝	2017年1月9日／秩父宮ラグビー場 対東海大学（○33-26）	亀井亮依	優勝
平成29年(2017)	優勝	2018年1月7日／秩父宮ラグビー場 対明治大学（○21-20）	堀越康介	優勝

TEIKYO UNIVERSITY RUGBY FOOTBALL CLUB

PART 2

Defense
ディフェンス

Defence
ディフェンスの原則と考え方

ディフェンスの練習を行う前に、ディフェンスの原則と構造を
しっかり理解しておく必要があります。
ここでは、大前提として頭に入れておいてほしいことを紹介します。

ディフェンスの原則とプレーのサイクル

相手からボールを奪うために必要な原則とサイクルを理解する

　ディフェンスの目的は、得点されないことはもちろんですが、最終的に相手チームからボールを奪うことにあります。そのためには、相手チームがボールを保持している時に、いかにしてボールを奪うかを考える必要があります。そこで重要になってくるのが、ディフェンスの原則とプレーのサイクルを理解しておくことです。

　まず、セットプレーでのボール争奪戦があります。ここでボールを奪えなかった場合にディフェンスを行うことになりますが、アタック側の狙いどおりのプレーをさせないことが、ディフェンスをする時の前提となります。

　また、ボールの争奪にはすべての選手が

ディフェンスの原則

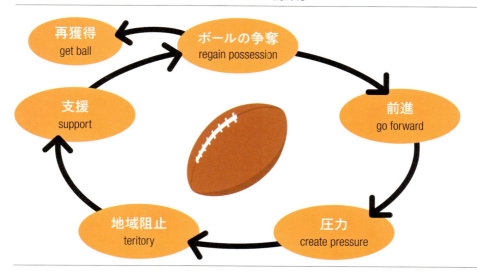

参加するわけではないので、他の選手は相手(アタック側)と味方の状態を見て、誰をマークするのか、どのようなディフェンスをするのかといったことを素早く判断し、味方とコミュニケーションをとることが重要になります。

そのうえで、アタック側がボールを動かす時に前進し、圧力をかけて、タックルで止めることによってアタック側にゲインを許さないようにします（地域阻止）。

タックルが成功したら、他の選手はボールを奪い返すためにブレイクダウンのサポート（支援）に入ります。そして、そのサポートによって相手にプレッシャーをかけます。ブレイクダウンでボールを奪うことができれば（再獲得）、ディフェンスの目的を達成することができ、適切なディフェンスができたことになります。

つまり、各選手はディフェンスをする時に適切なポジショニングで守備ラインを作り、前を見てマークし、味方とコミュニケーションをとり、タックルで相手を止める。そして、ブレイクダウンの局面でボールの争奪を行う。以上のサイクルを、繰り返すことになります。

ディフェンスをする時は、このようなディフェンスの原則とサイクルをしっかり理解し、そのうえで素早く適切な判断を下してプレーすることを心がけて下さい。

もちろん、このパートで紹介しているディフェンスのドリルを行う時も、同じことが言えます。ここで紹介しているディフェンスの原則とサイクルを理解したうえで練習を行えば、効果的にディフェンスのスキルを身につけることができます。そのことを忘れないで下さい。

プレーのサイクル

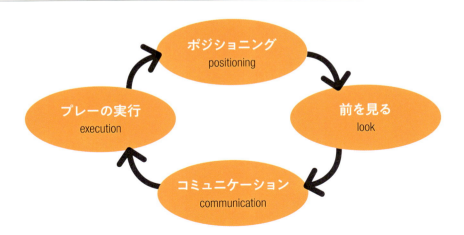

DF時の地域の特徴とスペースの考え方

敵陣と自陣とではスペースの広さが違うので守り方も変わる

ディフェンス時に正しいポジショニングを行うために頭に入れておかなければいけないのが、地域の特徴です。ラグビーではフィールドの横幅70メートル、縦幅100メートルの広さを15人で守るわけですが、縦幅については、試合中にプレーするエリアが変化します。

たとえば、敵陣でディフェンスをする時（相手チームがボールを保持）は、敵陣から自陣までの広いエリアを守る必要があるため、相手チーム（アタック側）がキックしてくることに備えてディフェンスラインの人数を減らします。逆に、自陣でディフェンスをする時は、守るエリアが狭くなるのでキックスペースを守る人数を減らし、ディフェンスラインの人数を増やすことができます。

そして、ディフェンスは常にアタック側のスペースと人数に合わせて守り方を変えることが重要になります。たとえば、アタックとディフェンスの人数が同じ時は前進しながらプレッシャーをかけて守り、アタックの人数がディフェンスを上回っている時は外（タッチライン）へ追い込むようにスペースを埋め、アタック側の前進を阻止します。前者はディフェンスラインの人数を増やせる自陣でよく起こるケースで、後者はキックケアのためにディフェンスラインの人数を減らして守る敵陣でよく起こるケースです。

ディフェンスのスキルを上げるためにも、このような地域の特徴とスペースの考え方をしっかり理解しておいて下さい。

敵陣におけるディフェンス

自陣におけるディフェンス

アタックとディフェンスの人数が合っている

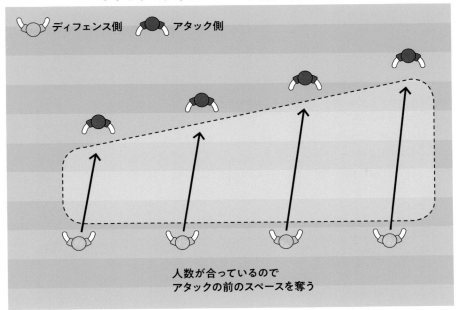

アタックの人数がディフェンスの人数を上回っている

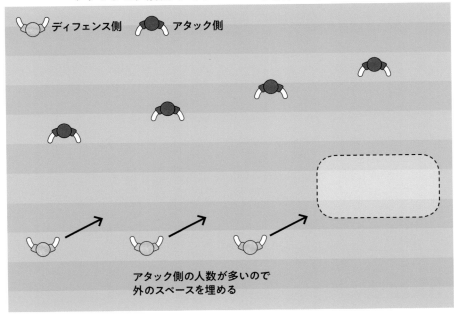

タックルの正しい姿勢

怪我のリスクを避けるためにも正しいタックルの姿勢を習得する

ディフェンス時に、アタックにプレッシャーをかけるために大切なスキルとなるのがタックルです。特にタックルの精度は試合の勝敗を左右する重要な要素になりますので、しっかりとしたスキルを身につけておく必要があります。

また、タックルは激しいボディコンタクトを伴うため、怪我をする危険性を伴うことも理解しておきましょう。怪我をしないためにも、タックルの練習をする前に、正しい姿勢とスキルを身につけておく必要があります。

下の写真で紹介しているように、正しい

タックルの正しい姿勢

ヒザとお尻を下げ、背中を地面と平行にする。相手の足にバインドして前方に力を集中させる

正しい姿勢を後方から見た場合

相手のヒザの裏にしっかりバインドする

✕ 頭が下がったり、飛び込んだりすると危険なうえに、力も伝わらない

頭が下がっている
お尻の位置が高く、頭が下がってしまい、相手を見ることができない

飛び込んだ状態
バインドせず、飛び込むようにタックルするのは危険

タックルは、自分の背中を地面と平行にするイメージで、低い姿勢で行います。そして、相手にしっかりバインドし、足を動かして前進する（ドライブ）ことで、力を前方方向に集中させることが可能になります。逆に、頭を下げた状態、あるいは前に飛び込むような状態でタックルするのはとても危険なので、気をつけるようにして下さい。

タックルをする時は、ヒットの仕方を間違えると怪我をしてしまうリスクが高まります。下の写真で典型的な例をいくつか紹介しているので、タックルの練習をする時は、これらのことを常に頭に入れておきましょう。

正しくヒットする

正しいタックルは、相手に対して肩でヒットするイメージ

✕ 脳震盪の危険性

内側にずれてヒットすると脳震盪のリスクを伴うので要注意

✕ 肩の脱臼の危険性

外側にずれてヒットすると肩を脱臼するリスクを伴うので要注意

正しいアングルからヒットする

 →  →

外側にずらして走る相手に対してタックルの体勢に入る

正しい姿勢で、右肩でヒットしながらバインドする

正しいアングルでヒットし、相手を止めることに成功

✕ 逆ヘッドはとても危険なので注意する

相手の進行方向に対して逆側の肩でタックルすることにより、自分の側頭部がヒットしてしまう。また、相手を倒せたとしても自分の頭が相手の身体と地面に挟まれてしまう。逆ヘッドと呼ばれるこの状態はとても危険なので、注意してほしい

正しいタックルスキル

効果的なタックルをするために正しいスキルをマスターしよう

タックルの正しい姿勢を理解したら、次にタックルを試合の中で上手に使うためのスキルが必要になります。

まずは下の写真にある「パワーポジション」「ヒット」「バインド」というタックルの3段階のスキルをしっかり身につけることから始め、バインド後に2歩目の足を出してドライブし、相手を倒すところまでの動きを繰り返し練習してマスターしましょう。

また、タックルする時のポジショニングも、タックルスキルの大切な要素になります。局面によって、どのポジショニングがベストなのか、どのアングルからタックルするのがベストなのかを瞬時に正しい判断ができるようになるまで、繰り返し練習して身につけて下さい。

パワーポジション
肩甲骨を寄せて、胸を張った状態。ヒザ、腰の位置を下げてためを作る

ヒット
ヒザのためを使ってヒットする。ヒットのインパクトで相手の姿勢を崩す

バインド
真っ直ぐ差し込む。ヒットした肩側の手で相手の遠いほうの足をバインド

ドライブする時は2歩目の足を出す

バインドしたら首を寄せてロックする

2歩目の足を前に出す(写真の場合は左足)

2歩目の足を出したことで相手を倒すことに成功した

タックル時のポジショニング

相手が外側に来た時

相手が内側に来た時

タックルゲートを理解しよう

タックルゲートの新ルールを
それぞれのケースで覚えよう

　以前は、タックル成立後、タックラーはどの位置（方向）からでもボールへプレーすることができました。しかし、ルール改正が行われたことにより、現在はタックラーもタックルゲートからボールへプレーしなければならなくなっています。

　つまり、タックラーがタックル成立後にボールへプレーする場合、タックラーはタックルボックスの自陣側から参加しないと反則となってしまいます。下の写真と図を参照し、接点で勝っている時、イーブンの時、負けている時と、それぞれのケースで正しい方法を覚えておいて下さい。

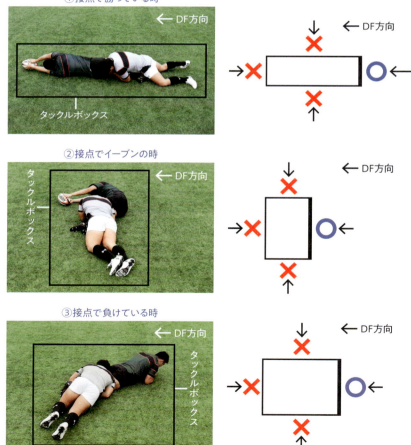

①接点で勝っている時

②接点でイーブンの時

③接点で負けている時

連続写真で確認しよう（①接点で勝っている時）

タックラーが接点で勝っているケース。タックラーが立って再びプレーに参加する時もゲートに注意する

連続写真で確認しよう（②接点でイーブンの時）

タックル成立後にイーブンの状態のケース。タックラーが立って再びプレーに参加する時は、写真2の状態のまま横から参加すると反則になる。一度自陣ゴールライン側に戻り（写真3）、タックルゲート（タックルボックスの底辺）からボールを奪いにかかる必要がある（写真4、5）

連続写真で確認しよう（③接点で負けている時）

タックル成立後に接点で負けているケース。この状態からタックラーが立ってもう一度ボールを奪いにかかろうとする場合は、タックルゲート（タックルボックスの底辺）からボールを奪いにかかる必要がある（写真4、5）

タックル強化のウエイトトレーニング
モーニング

タックル時と同じ姿勢で行う

　ここで紹介する「モーニング」は、お尻周辺、太モモ背面を中心とする下半身、腹筋周りなど、タックル時の姿勢やヒットする時に必要なフィジカルを強化するために有効なトレーニングのひとつです。

　注意点は、腰を丸くせず、背中を斜め下に寄せ、ツマ先をヒザと同じ位置に合わせることです（前すぎず、後ろすぎず）。また、タックルと同じ姿勢で行う点も、大切なポイントになります。最初はバーのみを使ってフォームを固定し、少しずつプレートをつけて鍛えましょう。

チェックポイント タックルと同じ姿勢で行い、必要なフィジカルを効率よく鍛える

タックルの姿勢

モーニングは、上半身が水平になるまで倒すやり方が一般的だが、ここでは上半身をタックル時の姿勢と同じような角度にして行う。注意したい点は、ツマ先をヒザと同じ位置に合わせて行うこと。ツマ先の位置はヒザより前すぎても後ろすぎてもいけないので、注意する。また、頭が下がったり、腰が丸まったりしないように、正しい姿勢で行うこともポイント。タックルをする時の正しい姿勢と同じになるように意識してほしい。まずはバーを使ってフォームを固め、少しずつプレートを乗せて重くしていく。10～12回を1セットとし、3～5セットを目安に練習する

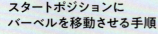
スタートポジションに
バーベルを移動させる手順

ラックがある施設であればラックに乗せてからスタートする。ない場合は3人1組になって2人が補助役となり、1人で練習する時は下の写真のような手順でセットする

WEIGHT TRAINING

タックル強化のウエイトトレーニング
クリーン

ヒットする時の強度を鍛える

モーニング同様、「クリーン」もタックル強化に役立つフィジカルトレーニングのひとつです。このトレーニングで身体の背面を中心とした全身の筋肉を鍛えることができるため、特にタックル時に身体の背面の力を使ってヒットする際のインパクトの強さを向上させることにつながります。ただし、慣れないうちはトレーニングで怪我をする可能性もあるので、指導者がいない場合は軽めのプレート（高校生なら20〜40kg）から始めましょう。フォームを固めるまでは10〜12回、固まってからは3〜5回が目安となります。

なお、「クリーン」には床からのパターンやヒザからのパターンもありますが、ここでは力を上に伝えることを強調する目的から、連続写真で紹介しているような姿勢で行うこととします。

チェック ポイント 地面を蹴るようにして真上の方向に力を伝えてバーベルを上げる

バーベルを持ち上げる時は両足で地面を蹴るイメージ

地面を蹴ることによって真上の方向に力を伝える

上半身を反り過ぎてしまうのはNG

チェック ポイント ヒジを立てると負担がかかるので、必ずヒジを前に出すこと

クリーンを行う時に注意してほしいのは、バーベルを持ち上げた後に必ずヒジを前にしておくことだ。持ち上げた時にヒジを立ててしまうと手首に負担がかかってしまい、場合によっては怪我をしてしまう恐れもあるので、特に手首が硬い人などは注意してほしい。怪我を避けるためにも、指導者がいない時は軽いプレートでフォームを安定させることから始め、その後に少しずつプレートを重くしていくのがベターだ（高校生や女性であれば、20kg～40kgの重さでフォームを固める）。トレーニングで怪我をしては意味がないので、安全を優先して練習してほしい

「タックル」ドリル
タックルの基礎練習

> コンタクトの強度に注意

[ドリルの設定と方法]

ボールキャリアー1人、DF（タックラー）1人、コーチ役の計3人。止まっているボールキャリアーに対し、適度な距離からディフェンスがタックル。コーチ役が正しくタックルできたかチェックする。ポジションを変えて繰り返す。

[ドリルの目的と目標]

安全性を意識し、P92〜95で紹介した正しい姿勢とタックルスキルを、ボールキャリアーに対して練習するドリル。最初はフォーム確認のため、止まった状態のボールキャリアーにタックルする。その後、ボールキャリアーが動いたところへタックルする。その際、必ず左右両肩のタックルを行い、確認すること。どちらかに片寄ると慣れたほうでタックルしようとして逆ヘッドのリスクになるので注意する。ヒットができるようになればドライブして相手を倒し、再び立つまで動作を続ける。

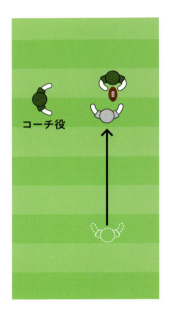

コーチ役

チェックポイント 左右両方の肩でタックルを行い、確認する

左肩でタックルする

右肩でタックルする

連続写真で確認しよう（ボールキャリアーが動く場合）

ボールキャリアーとタックラーが適度な距離で向かい合って、開始する

ボールキャリアーの動きに合わせ、低い姿勢を作る。この時、頭を下げて目線を落とさないように注意する

ヒットする肩と同じ方の足を踏み込んでヒットする（写真では、右足を踏み込んで右肩でヒットしている）

相手のヒザの裏側に手を回してバインドする。特にヒットしたほうのバインドを意識すること

そのままドライブしながらボールキャリアーを倒す（ドミネートする）

ボールキャリアーを倒したらすぐに起き上る。その際、タックルゲート（タックルボックスの底辺）を意識する

タックルボックスの底辺から入って、ボールを奪いにかかる

ボールを奪う。ここまでの動きが正しくできていたか、コーチ役がチェックする

「タックル」ドリル
動く相手をタックル

コンタクトの強度に注意

[**ドリルの設定と方法**]

ボールキャリアー1人、タックラー1人、スクラムハーフ（SH）の計3人。5〜10m程度の距離からボールキャリアーがディフェンスに向かって走る。動く相手に対して、ディフェンスがタックルで止める。

[**ドリルの目的と目標**]

このドリルは、ドリル16で正しいタックルができるようになってから行うようにする。このドリルでは、外側か内側にずらす動きを入れたボールキャリアーに対して、タックルする。ボールキャリアーの走るスピードはゆっくりから始めて、正しいタックルができるようになってから、少しずつスピードを上げて行うこと。

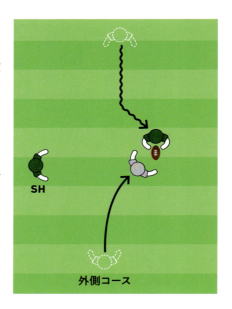

SH
外側コース

チェックポイント ボールキャリアーが左右に動くパターンでタックルスキルを磨く

ボールキャリアーが外側にずらして走る

 →  →

ボールキャリアーはDFが近づいた時に外側にずらす。DFはその動きに対応する

DFは低い姿勢を作る。ボールキャリアーはDFにヒットする

DFは正しくタックルしてボールキャリアーを止める。その都度タックルスキルを確認する

ボールキャリアーが内側にずらして走る

 →  →

ボールキャリアーはDFが近づいた時に内側にずらして走る。DFはその動きに対応する

DFは低い姿勢を作る。ボールキャリアーが内側にずらしてきたので、左肩でタックル

ボールキャリアーが内側にずらした時も逆ヘッドが起こる可能性があるので注意する

連続写真で確認しよう（外側コース）

向かってくるボールキャリアーに対して、対面のディフェンスが近づいてタックルするタイミングを図る

ポジションとタイミングを合わせ、ディフェンスがボールキャリアーにタックルをする体勢をとる

最適なタイミングでディフェンスがタックル。姿勢、ヒット、バインドなど、正しいタックルスキルで行う

タックラーは、ヒット後に2歩目の足を前に出してボールキャリアーを倒す（ドミネート）

タックラーは倒した後に次のプレーに備えて立つ。ここまでの動きをすべて正しく行えるように何度も繰り返す

「タックル」ドリル
ドミネート後のリアクション

> コンタクトの強度に注意

[**ドリルの設定と方法**]

ボールキャリアー1人、タックラー1人、コーチ役兼サポート役の計3人。向かってくるボールキャリアーにディフェンスがタックル。タックラーがタックルした後、すぐに立ち上がってタックルゲートからボールを奪う。

[**ドリルの目的と目標**]

タックル後のリアクションのドリル。このドリルではタックラーが接点で勝ち、相手のサポートの状況を見てボールを奪取するまでのスキルを磨く。コーチ役がタックラーの一連の動きと反則がなかったかをチェック。タックラーは、タックル後にアタック側のサポートが来ないことを確認してからボールを奪いにかかる。

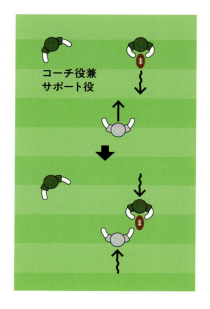

応用ドリル　アタック側のサポートが接点に来た場合の対応

1 DFが向かってくるボールキャリアーにタックル。コーチ役はアタック側のサポート役として接点に向かう

2 タックラーがボールキャリアーをドミネート（倒す）。アタック側のサポートが入ってくる

3 タックラーはすぐに立ち、アタック側のサポートに対応（このドリルでは、サポート役はタックラーのタイミングに動きを合わせる）

4 タックラーはサポートに入ってきた選手をオーバーする（相手をバインドしながら押し下げる）

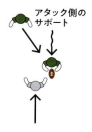

アタック側のサポート

アタック側のサポートが入るのか入らないのかによって、タックラーがタックル後のプレーを判断、選択する応用ドリル。コーチ役の選手が接点に来ない場合、タックラーはドミネート後にボールを奪いにかかる。サポートに来た場合は、立ち上がった後にサポートの選手に対してヒットし、オーバーする。サポートに入るか入らないかはコーチ役の判断。タックルゲート（P96〜97）を意識して行う

連続写真で確認しよう

向かってくるボールキャリアーに対して、ディフェンスがタックルの体勢に入る

ディフェンスがボールキャリアーにヒット。正しいタックルになっているか、コーチ役がしっかりチェックする

タックラーがボールキャリアーをドミネート。接点で勝っている状態になった

タックラーはすぐに立ち上がって、アタック側のサポートが来ないことを確認して次のプレーを判断する

ボールを奪いにかかる時、タックルボックスの底辺からプレーすること

ボールを奪うことに成功。この一連の動きが正しくできたかどうか、コーチ役がしっかりチェックする

DRILL 19 「タックル」ドリル
イーブン後のリアクション

コンタクトの強度に注意

[ドリルの設定と方法]

ボールキャリアー1人、タックラー1人、コーチ役兼サポート役の計3人。向かってくるボールキャリアーにディフェンスがタックル。タックラーが接点でイーブンの状態になった後、すぐに立ち上がり、タックルゲートから入ってボールを奪う。

[ドリルの目的と目標]

接点でイーブンの状態になった後、相手のサポートがない状況でボールを奪うまでのスキルを磨く。特にタックラーはタックルゲートからボールを奪いにかかることを意識する。コーチ役はタックラーの動きと反則がなかったかをチェック。タックラーは、アタック側のサポートが来ないことを確認してからボールを奪いにかかる。

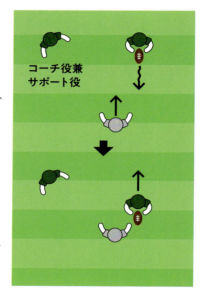

応用ドリル アタック側のサポートが接点に来た場合の対応

1 タックル後にイーブンの状態。コーチ役はアタック側のサポート役として接点に向かう

2 タックラーはすぐに立ち上がり、アタック側のサポートが来たことを確認して次のプレーを判断する

3 タックラーがそのままボールを奪いにかかると反則になるので、素早くタックルゲートに戻る

4 タックラーはタックルゲートから接点に入り、サポートに来た選手にヒットしてオーバーする

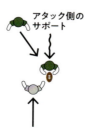

アタック側のサポート

この応用ドリルでは、接点がイーブンの状態でコーチ役の選手がアタック側のサポートに入るか入らないかによって、タックラーがタックル後の次のプレーを判断、選択する。サポートに来なかった場合はタックルゲートから入ってボールを奪い、来た場合はサポートの選手をオーバーする。サポートに入るか入らないかはコーチ役の判断。特にタックルゲート（P96〜97）を意識して行う

連続写真で確認しよう

向かってくるボールキャリアーに対して、ディフェンスが正しいポジションをとってタックルする準備に入る

↓

外側にずらして走るボールキャリアーの動きに対応し、タックルするベストなタイミングを図る

↓

ボールキャリアーにタックルする。コーチ役は、正しいタックルかどうかをしっかり見ておく

↓

タックルしてボールキャリアーを倒した後、イーブンの状態になった

タックラーはすぐに立ち上がり、アタック側のサポートが来ないことを確認して次のプレーを判断

↓

接点で勝てなかった（イーブン状態）ので、タックラーはタックルゲートに戻ってからボールを奪いにかかる

↓

↓

ボールキャリアーからボールを奪うことに成功。正しくできたかどうか、コーチ役はチェックする

DRILL 20 「タックル」ドリル
ノンミネート後のリアクション

> コンタクトの強度に注意

[ドリルの設定と方法]

ボールキャリアー1人、タックラー1人、コーチ役兼サポート役の計3人。向かってくるボールキャリアーにディフェンスがタックル。タックラーが接点で勝てなかった（ノンミネート）後、すぐに立ち上がってボールキャリアーからボールを奪う。

[ドリルの目的と目標]

接点でノンミネート状態になった後、相手のサポートがない状況でボールを奪うまでのスキルを磨く。特にタックラーはタックルゲートからボールを奪いにかかることを意識する。コーチ役はタックラーの動きと反則がなかったかをチェックする。タックラーは、アタック側のサポートが来ないことを確認してからボールを奪いにかかる。

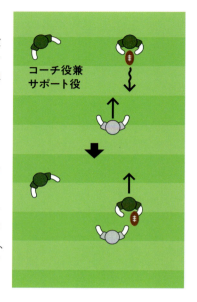

コーチ役兼サポート役

応用ドリル アタック側のサポートが接点に来た場合の対応

タックル後にノンミネートの状態となる。コーチ役はアタック側のサポート役として接点に向かう

タックラーはすぐに立ち上がり、アタック側のサポートが来たことを確認して素早くタックルゲートに戻る

ゲートから入ってサポートに来た選手をオーバーする（サポート役はタックラーのタイミングに動きを合わせる）

応用ドリル サポートが自分より早く来た場合の対応

タックル後にノンミネート状態となる。コーチ役はアタック側のサポート役として素早く接点に向かう

タックラーはすぐに立ち上がり、アタック側のサポートの動きを確認。素早く次のプレーを判断する

相手のサポートが早かったのでラックサイドのディフェンスに入ると判断。コーチ役は3つの選択肢から動きを決め、DFはそれに対応する

連続写真で確認しよう

向かってくるボールキャリアーに対して、ディフェンスが正しいポジションをとってタックルする準備に入る

↓

↓

ボールキャリアーにタックルする。コーチ役は、タックルが正しかったかをしっかり見ておく

↓

タックルしたものの、ボールキャリアーに勝てず接点がノンドミネート状態になる

タックラーはすぐに立ち上がって、次のプレーに移るためにタックルゲートまで戻る

↓

アタック側のサポートが来ていないことを確認し、タックルゲートから入ってボールを奪いにかかる

↓

↓

ボールキャリアーからボールを奪うことに成功。正しくできたか、コーチ役がチェックする

DRILL 21 「タックル」ドリル
3対3（タックル時の連携）

コンタクトの強度に注意

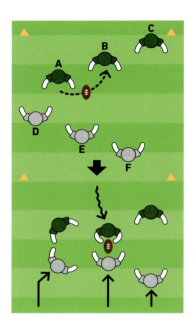

[**ドリルの設定と方法**]

縦横15mのエリアを設定。ＡＴ側3人、ＤＦ側3人の計6人。ＤＦ3人が各対面に向かってプレッシャーをかけ、ＡＴのＡがＢにパス。ＤＦ側が判断してタックルで止める。Ｂは状況に応じてキャリーかパスを選択し、ＤＦ側がそれに対応する。タックルしたら1本終了。

[**ドリルの目的と目標**]

3対3で、ＤＦ3人の連動した守備をマスターするためのドリル。3人がバラバラに動くとギャップが生まれて相手にゲインを許してしまうので、対面にプレッシャーをかけ、対面がパスしたらパスを受けた選手へプレッシャー方向を変えていく。各自が判断し、リードコールを忘れないこと。ＡＴのＢは自分で突破するか外のＣにパスするか、状況に応じて判断する。

ボールキャリアーが外側に抜け出る場合

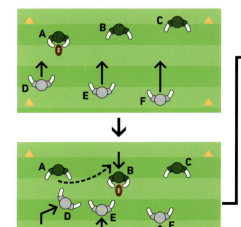

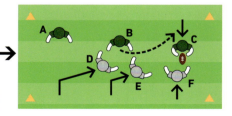

アタックが順目でパスを回してＣが突破を図るケース。まずＤＦ3人が対面の選手に向かってスペースを奪いに行く。ＡがＢにパスしたら、Ｄはパスを受けたＢの内側を埋めるようにプレッシャーをかける。Ｅはストレートにプレッシャーをかけ、Ｆは対面Ｃの動きをマーク。Ｂが外のＣにパスしたら、ＥはＣのインサイドを埋めるようにプレッシャーをかけ、最終的にＦがＣをタックルで止める

ボールキャリアーが内側に抜け出る場合

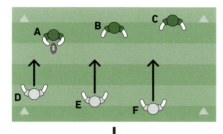

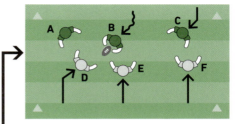

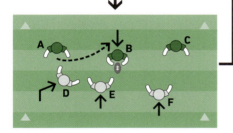

アタックBが内側に突破を図るケース。AがBにパスしたら、DはBの内側を埋めるように動き、Eは正面からBにプレッシャーをかける。BはCにパスすると見せかけて、内側に突破を図る。これに対してDとEが連携して対応し、アタックを止める。2人でタックルに行く場合はお互いの頭をぶつけないように注意する。内側の選手は腰より下、外側は腰より上と、それぞれタックルの高さを決めておくとよい。そのためのリードコールも必要

チェックポイント アウトサイドが内側に詰めるリスク

✗ 外のDFが判断を誤って内側に詰めると対面をフリーにしてしまう

外のDFが対面の選手をフリーにして内側にプレッシャーをかける

判断を誤ったことで、アウトサイドのATにパスが出された

外側で突破を許した。外のDFは自分の対面を離さないようにする

チェックポイント 2人でタックルに行く時はコミュニケーションをとる

2人でタックルに行く時はお互いの頭をぶつけないように注意する

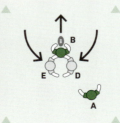

相手が内側に突破を図るシーンでは、内側からプレッシャーをかけるDFと対面のDFが同時にボールキャリアーにタックルする場合がある。この時にお互いの頭をぶつける危険があるので、タックルの高さなどを事前に決めておくとよい。また、リードコールをしてコミュニケーションをとることも重要になる

連続写真で確認しよう（外側にずらされた場合）

1

DF3人がそれぞれ対面のATに向かってプレッシャーをかけ、内側のATが中央の味方にパス

↓

2

↓

3

パスを受ける中央の選手に対して、内側のDFが内側からスペースを埋めるようにプレッシャーをかける

↓

4

5

ボールキャリアーに対して、対面のDFが正面からプレッシャーをかける。内側のDFは内側からスペースを埋めて詰める

↓

6

内側と正面からプレッシャーを受けたボールキャリアーは、外の味方が正面から寄せられたので自分で突破を図る

↓

7

正面から詰めて行ったDFが、外側にずらして突破を図ったボールキャリアーにタックル。右肩でヒットする

↓

8

DF3人が連動して動くことにより、相手の判断ミスを誘い、タックルで止めることができた

連続写真で確認しよう（内側にずらされた場合）

1

DF3人がそれぞれ対面のATに向かってプレッシャーをかけ、内側のATが中央の味方にパス

↓

2

↓

3

内側のDFが内側からスペースを埋めるようにボールキャリアーに寄せる。ボールキャリアーは内側に突破

↓

4

正面からプレッシャーをかけていたDFが、その動きに対応してタックルする。内側のDFも接点に寄せて行く

5

↓

6

タックラーがボールキャリアーを倒した。タックルによってアタックを止めることに成功

↓

7

↓

8

ボールキャリアーが内側を切ってきた時は、内側にいるDFの選手がインサイドをケアしておくこと

> コンタクトの強度に注意

DRILL 22 「タックル」ドリル
3対3（タックル後の連携）

[**ドリルの設定と方法**]

縦横15mのエリアを設定。ＡＴ側３人、DF側３人の計６人。ＡＴのBを対面のEがタックルする。ボールキャリアーが倒れた方向によって、DとFのサポート方法を変えて対応。接点で勝っている時、勝っていない時の対応も織り交ぜ、接点の状況に合わせてDF３人が連携する。

[**ドリルの目的と目標**]

ドリル21をマスターしたら、次はこのドリルでタックル後の連携を練習する。ポイントはボールキャリアーの倒れた方向によってDF（DとF）のサポート方法が変わる点。外側に倒れたら外にいるFが接点に、内側に倒れたら内にいるDが接点に向かい、アタック側のサポートをオーバーする。また、相手のサポートが来ていなければ、ボールを奪いにかかる。

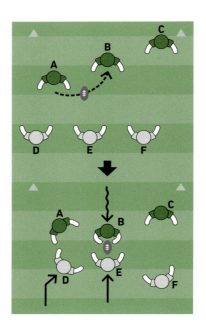

ボールキャリアーが接点で外側に倒れた場合

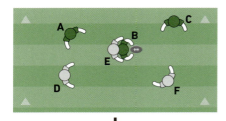

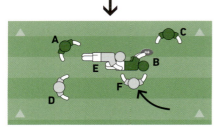

３対３の状況でアタックBに対面のEがタックル。接点でボールキャリアーが外側に倒れた場合、外にいるFが接点に向かう。Fは素早くサポートに入ってBをオーバーする。ただし、Eが接点で勝っているか勝っていないかによって、DとFは接点に向かうのか、ステイして次のフェーズに備えるのかを判断する。いずれもDF３人が連携してディフェンスすることが重要になる

ボールキャリアーが接点で内側に倒れた場合

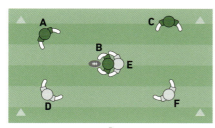

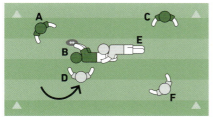

EがアタックBにタックルした後、接点でボールキャリアーが内側に倒れた場合は、内にいるDが接点に向かい、外にいるFは対面のアタックCの動きを見ながら次のフェーズに備える。Dはなるべく早く接点に向かい、アタックのカバーにきたAをオーバーする。なお、タックラーとなったEが接点で勝っている場合はEが立ってボールを奪いにかかる。もしくはアタック側のサポートが来た場合はDかFがサポートに入る

チェックポイント　ドミネートタックルになっている場合

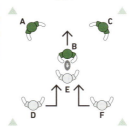

タックラーが接点で勝っている状態の時は2人でサポートしてターンオーバーを狙う

タックラーが接点で勝っている（ドミネートタックル）状況では、内側と外側のDF2人がサポートに入ってターンオーバーを狙うチャンスになる。仮にアタック側のサポートが来ない場合はタックラーがすぐに立ち上がってボールを奪いにかかることもできる

チェックポイント　ノンドミネートタックルになっている場合

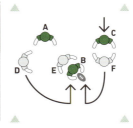

タックラーが接点で負けている時は、DF側は下がってからサポートする必要がある

Eが接点で負けた場合、DとFはタックルボックスの底辺まで下がってからサポートに入らなければならない。下がる分、プレッシャーをかけるのが遅くなる

連続写真で確認しよう（外側に倒れた場合）

1

3対3の状況からATのAがBにパスするところから

↓

2

↓

3

Bに対して、DFのEが真っ直ぐプレッシャーをかけていく

↓

4

外側にずらしたBを、Eがタックルで止める

5

タックル後、イーブンの状態でボールキャリアーが外側に倒れた

↓

6

外にいたFがその状況を見て、接点のサポートに入る

↓

7

Fが相手のサポートよりも早く接点に入る

↓

8

Fは、相手のサポートAにボールが渡る前にヒットしてオーバーする。状況に応じて3人が正しく連携すること

連続写真で確認しよう（内側に倒れた場合）

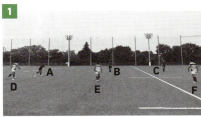

3対3の状況からATのAがBにパスするところからスタート

タックル後、イーブンの状態でボールキャリアーが内側に倒れたので、内にいたDがそれを見て接点のサポートに入る

Bに対して、DFのEが真っ直ぐプレッシャーをかけていく

Dが相手のサポートAよりも早く接点に入る

内側にずらしたBをEがタックルで止める

Dは、相手のサポートAにボールが渡る前にヒットする

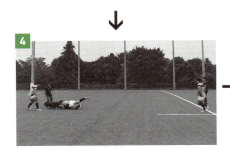

DがAをオーバーし、サポートが成功。3人の連携の精度が高まったら、4対4、5対5と、人数を増やして行う

DRILL 23

「スペースを埋める」ドリル
4対4（DF側のチャンス）

コンタクトの強度に注意

[ドリルの設定と方法]

ＡＴ側4人、SH1人、DF側4人の計9人。SHからパスをもらったＡＴのAに対して、対面のEが正面からプレッシャーをかける。以降、アタック側は順目にパスを回し、大外のDにパスが渡ったところでDFのHがタックルしてDを止める。

[ドリルの目的と目標]

SHを除き、ＡＴ側とDF側が同数の状況におけるスペースの埋め方を習得するドリル。DF側にとって有利な状況なので、前方のスペースをそれぞれ対面の選手が埋めていく。アタックは順目にパスを回し、大外の対面のHがタックルで止める。DF側が連携してスペースを埋められるようになったら、ＡＴ側はBやCが突破を図るなど、パターンを変化させ、DF側がそれに対応する。

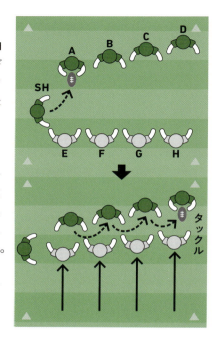

チェック ポイント DF4人は前方のスペースを埋めながらプレッシャーをかける

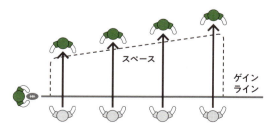

DFの人数がＡＴと同数もしくは上回っている場合、DF側がボールを獲得するチャンスとなる。この4対4のドリルでは、DFがボールを獲得するチャンスを迎えた時に、どのようにＡＴ側にプレッシャーをかけていくのかをマスターする。この場合、DFはＡＴの前にあるスペースを埋め、ゲインラインよりも前でタックルしてラックにする。DFは、それぞれが対面のＡＴの選手に対してプレッシャーをかけていく

図版で確認しよう（ディフェンスがアタックと同数）

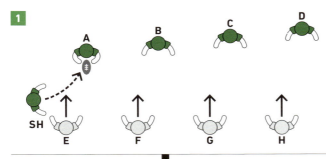

SHからATのAにパス。対面のEは、ボールキャリアーのAの前のスペースを埋めるようにプレッシャーをかける。F、G、Hはそれぞれ対面のアタックの選手をマークする。E、F、G、Hはギャップを作らないように前へ出る

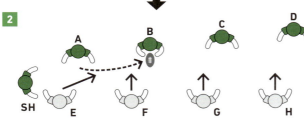

ATのAは正面からEがプレッシャーをかけてきたので、Bにパスする。対面のFは、ボールキャリアーのBの前のスペースを埋めるようにプレッシャーをかける。G、Hはそれぞれ対面のアタックの選手をマーク。Eはサポートの準備をする

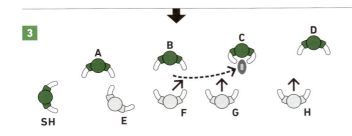

ATのBは正面からFがプレッシャーをかけてきたので、順目にパス。ボールキャリアーのCの対面にいるGは、前のスペースを埋めるようにプレッシャーをかける。Hは対面のDをマーク。E、Fは内側のスペースを埋める

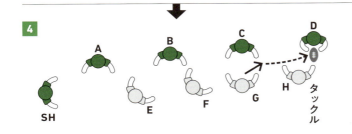

ATのCは正面からGがプレッシャーをかけてきたので、大外のDにパス。対面のHはボールキャリアーのDの前のスペースを埋めながらタックルする。E、F、Gは接点のサポートに入る

DRILL 24

「スペースを埋める」ドリル
3対4（DF側のピンチ）

コンタクトの強度に注意

[ドリルの設定と方法]

AT側4人、SH1人、DF側3人の計8人。SHからパスをもらったATのAに対して、Eが内側からプレッシャーをかける。以降、AT側は順目にパスを回し、DF側3人は連携して外に追い込むようにスライド。Dにパスが渡ったところで、Gがタックルで止める。

[ドリルの目的と目標]

DFの人数がATよりも少ない状況におけるスペースの埋め方を習得するドリル。DF側にとって不利な状況で、DF3人でAT側のランニングコースを塞ぎながら、外のスペースを埋めていく。アタックは順目にパスを回し、Gがゲインラインを越えられないようにDをタックルで止める。AT側は、順目のパス以外に、ギャップを見つけたら内側に突破を図るなどして変化をつける。

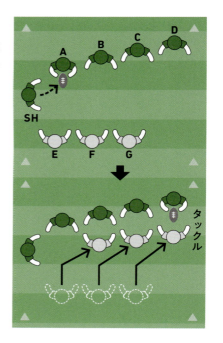

チェック ポイント ATの走るコースを塞ぎ、外に追い込むようにスペースを埋める

外側の方向へアタックを追い込む
スペース

✗ 対面に詰めると外のスペースが空く

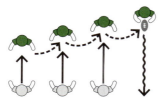

DFの人数がATより少ない場合はDF側のピンチとなる。この3対4（SHを含めて3対5にしてもよい）のドリルで、ボールキャリアーの走るコースを塞ぎながら3人が連携してタッチライン方向（外）に追い込むようにプレッシャーをかけていく動きをマスターする。内側の選手のコール（「チェンジ」など）によって外側のアタックにマークチェンジし、ゲインされないように止める。またはタッチの外に出してATを前進させない

確認しよう（ディフェンスがアタックより少ない人数）

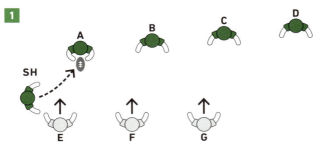

1 SHからATのAにパス。対面のEは、ボールキャリアーAをマークする。同じように、ボールに近い側からFがBを、GがCをマークする

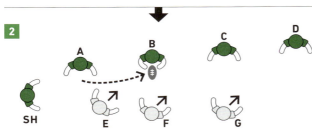

2 AがBにパス。EはBを止めるコースになったらFへ「チェンジ」とコール。FはCへマークを変える。Gも同じようにDへマークを変え、内から外へ追い込むコースでプレッシャーをかける

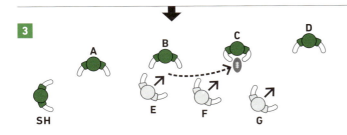

3 BがCにパス。マークチェンジしたことで、EがB、FがC、GがDへプレッシャーをかけることで人数が合った状態になる

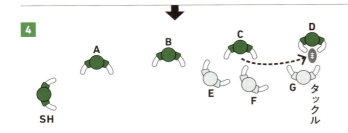

4 CはGがプレッシャーをかけてきたので、大外のDにパス。Gはボールキャリアーのdが内側に走るコースを塞ぎながらタッチに追い込むようにプレッシャーをかけ、タックルで止める。またはタッチの外に出す。相手の人数が増えても同じようにディフェンスする

トップリーグのチームに所属する帝京大学ラグビー部出身の現役選手
トップリーグ／2017-2018

※2018年2月現在

サントリーサンゴリアス
ツイ・ヘンドリック（FL、10年度卒）
中村 亮土（SO・CTB、13年度卒・主将）
森川 由起乙（PR、14年度卒）
流 大（主将・SH、14年度卒・主将）
飯野 晃司（LO、16年度卒）

パナソニック ワイルドナイツ
堀江 翔太（主将・HO、07年度卒・主将）
権 裕人（CTB、14年度卒）
坂手 淳史（HO、15年度卒・主将）
金田 瑛司（SO・CTB、15年度卒）
森谷 圭介（FB、15年度卒）
松田 力也（SO、16年度卒・副将）

神戸製鋼コベルコスティーラーズ
南橋 直哉（CTB、11年度卒）
重 一生（FB、16年度卒）

NTTコミュニケーションズシャイニングアークス
西村 渉（SH、08年度卒）
沼尻 大輝（WTB・FB、09年度卒）
白 隆尚（HO、11年度卒）
小野 寛智（SO、12年度卒）
金 嶺志（LO、16年度卒）

リコーブラックラムズ
辻井 健太（PR、11年度卒）
牧田 旦（CTB、13年度卒）
濱野 大輔（CTB、15年度卒）
大西 将史（HO、16年度卒）

キヤノンイーグルス
天野 寿紀（SH、12年度卒）
東恩納 寛太（PR、14年度卒）
杉永 亮太（FR・No.8、14年度卒）
荒井 康植（SH、15年度卒）

トヨタ自動車ヴェルブリッツ
吉田 光治郎（FL、10年度卒・主将）
吉田 康平（PR、11年度卒）
滑川 剛人（SH、11年度卒）
竹田 宜純（FB、13年度卒）
浅堀 航平（PR、15年度卒）
竹井 勇二（HO、16年度卒）
姫野 和樹（主将・NO..8、16年度卒）
山口 健太（LO、16年度卒）

東芝ブレイブルーパス
森 太志（HO、10年度卒）
森田 佳寿（副将・SO、11年度卒・主将）
李 聖彰（NO.8、13年度卒）
小瀧 尚弘（LO、14年度卒）
深村 亮太（PR、15年度卒）

NECグリーンロケッツ
大和田 立（FL、13年度卒）
亀井 亮依（FL、16年度卒・主将）
金村 良祐（CTB、16年度卒）
飯山 竜太（WTB、16年度卒）

宗像サニックスブルース
猿渡 知（SH、07年度卒）

近鉄ライナーズ
前田 龍佑（PR、11年度卒）
南藤 辰馬（WTB、12年度卒）
寺田 桂太（LO、16年度卒）

コカ・コーラレッドスパークス
川下 修平（LO、04年度卒）
山田 久寿（CTB、07年度卒）
猿渡 康雄（PR、12年度卒）
木下 修一（LO、12年度卒）
渡辺 郷（FB、12年度卒）
筬島 直人（LO・FL、13年度卒）
町野 泰司（LO、14年度卒）
山崎 雄希（SO、14年度卒）
石垣 航平（CTB、15年度卒）
鎌田 健太郎（FB、16年度卒）

豊田自動織機シャトルズ
鄭 智弘（FL、04年度卒）
平原 大敬（PR、08年度卒）
浪岡 祐貴（PR、08年度卒）
河合 航（CTB、09年度卒）
大出 憲司（PR、11年度卒）
小山旺 岳（FL、11年度卒）
出渕 賢史（PR、12年度卒）
今村 哲央（LO、13年度卒）
大橋 晋（CTB、13年度卒）

NTTドコモレッドハリケーンズ
泉 敬（主将・HO、12年度卒・主将）

PART 3
Kick
キック

DRILL 25 「キック」ドリル
キックチェイス

[ドリルの設定と方法]

AT側2人、DF側はSHとキッカーを含めた6人以上で行う。SHからパスをもらったキッカーがタッチライン付近にキック。AがキャッチしてAT側はカウンターを仕掛け、DF側がチェイスしてアタックを止める。

[ドリルの目的と目標]

キックチェイスのドリル。DF側はATのAのキャッチ後に仕かけられるカウンターに対し、ギャップを作らないようにラインを作ってチェイスし、ボールキャリアーを止める。ギャップを作らないようにコミュニケーションをとり、敵陣側で止められるようにする。キッカーはキック後に相手のキックをケアするポジションをとる。

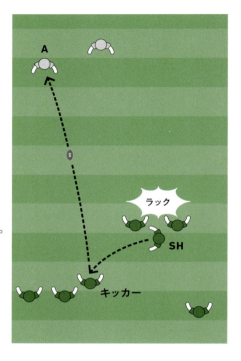

応用ドリル ボールをキャッチしたAがボールを蹴り返すパターンで行う

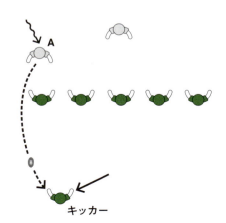

この応用ドリルでは、キックされたボールをキャッチしたAT側のAがボールを蹴り返すパターンで、DF側がキックチェイスの練習を行う。ポイントは、最初にボールを蹴ったキッカーが、キック後にキックスペースを埋めるためのポジションをとること。また、チェイスする他のDF側の選手は、AT側のAによいキックをさせないためにしっかりチェイスし、相手にプレッシャーをかけることを忘れないようにする

図版で確認しよう

1

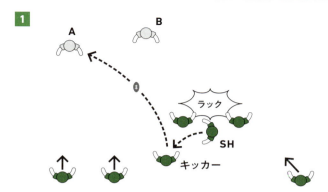

SHからパスをもらったキッカーが、タッチライン方向にロングキック。キッカーよりも前にいる選手は、キッカーより後ろの選手に追い越されるまでプレーできない（もしくはキッカーより後ろの位置へ下がることでプレーできる）。また、キッカーが最後尾の場合は、キッカー自身がチェイスすることになる

2

キッカーより前にいた選手が、キッカーよりも後ろにいた選手に追い越されたため、キックチェイスに参加できる状態になった

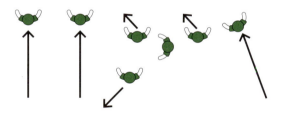

3

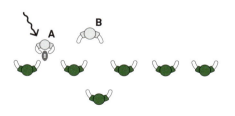

キックチェイスをする全員がAにプレッシャーをかけるのではなく、Aの対面の選手が幅を狭くしながらAにプレッシャーをかける。ラインを作った他の選手は前を見て、連携しながらBを含めたAT側の選手をそれぞれがマークしながらチェイスする。キックカウンターの中でAがBにパスしてもよい。DF側はスペースを埋めるためにしっかり走ること。その中でコミュニケーションをとり、ギャップを作らないようにする

DRILL 26 「キック」ドリル
ハイボールキャッチ

[**ドリルの設定と方法**]

ボールを投げる(または蹴る)選手、キャッチする選手の計2人(1人の場合は自分でボールを頭上に投げてキャッチ)。キャッチする選手の頭上にボールを高く投げ、キャッチする選手が落下地点に入ってキャッチする。ジャンプキャッチも同じ方法で行う。

[**ドリルの目的と目標**]

キックシーンを想定し、ボールをキャッチするスキルを磨く。ボールを落としてもノックオンにならないように身体を正面に向けず、斜め(半身)にしてキャッチする。空中で相手選手と競り合う場面(ハイパント)も想定してジャンプキャッチも練習する。キャッチする前にコールしてからキャッチする。ノープレッシャーで始め、慣れたらプレッシャーをかける選手を加えて行う。

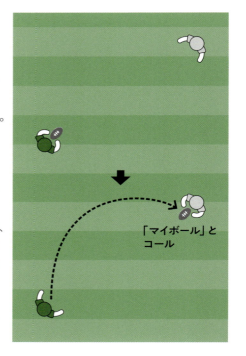

「マイボール」とコール

✗ 身体を正面にしてキャッチすると、ボールを落とした時にノックオンになる

身体を正面にしてキャッチすると、ボールを落とした時にノックオンとなってしまうので、必ず半身で構えること(ボールを落としても後ろに落ちる)。また、キャッチ前にコールして意思表示をしないと味方同士でぶつかる可能性があるので注意する。2人が重なった時はどちらを優先するのかも事前に決めておく(後ろのコールを優先するなど)

✗ ヒザを上げずにジャンプキャッチすると、相手と衝突した時に危険

空中でキャッチする時は相手と競り合っている状況が多いので、自分の身体を守るためにも必ず片方のヒザを上げてキャッチする

連続写真で確認しよう（ノーマルキャッチ）

「マイボール」とコールしてボールの落下地点に入る

両ヒジを開きすぎない姿勢で、半身に構えてキャッチする

ボールをふところに吸収するイメージで、正確にキャッチする

半身の姿勢で正しくボールをキャッチすることに成功

連続写真で確認しよう（ジャンプキャッチ）

「マイボール」とコールし、ボールの落下地点でジャンプ

片方のヒザを上げて、両ヒジを開きすぎない姿勢でキャッチ

ボールを落とさないようにふところに収め、片方の足から着地

空中にあるボールをジャンプキャッチすることに成功

キックの基本をマスターする — ロングキック

地域を獲得（挽回）する時に有効なロングキックの基本

ロングキック（パントキック）は、タッチの外にボールを蹴り出すなど地域を獲得（挽回）する時に有効です。基本は、手でボールを持ち、落下させたボールが地面に着地する前にキックします。ボールの中心より下側を足のインフロント（またはインステップ）でミートすること、キックする時はボールをよく見てヘッドアップしないことがポイントになります。また、ボールを真っ直ぐに落とし、軸足をボールの横に置いてキックすることも重要です。

ロングキックを連続写真で確認しよう

チェックポイント　ボールを真っ直ぐ落とすことがスキルアップのための第一歩

ロングキックを正確に蹴るためには、ボールを真っ直ぐに落下させることが重要なポイントになる。横向きや斜め向きで落とすとボールのスイートスポットに正しくミートできないので、思った方向にボールを飛ばすことができないうえ、飛距離もでない

> キックの基本を
> マスターする

ハイパント

ボールを高く蹴り上げる時に使われるハイパントの基本

ボールを高く蹴り上げたい時に使うのがハイパントです。滞空時間が長いため、ボールが落下する前に選手が前進して地域を獲得することが可能になります。ハイパントの時は、ボールの真下（またはボールの中心より下側）をミートし、蹴り足を高く振り上げてボールを蹴ります。また、ミートのタイミングはロングキックの時よりも少し早く、落下させたボールがやや高めの位置にある時に蹴り上げることで、よりボールを高く飛ばすことができます。

ハイパントを連続写真で確認しよう

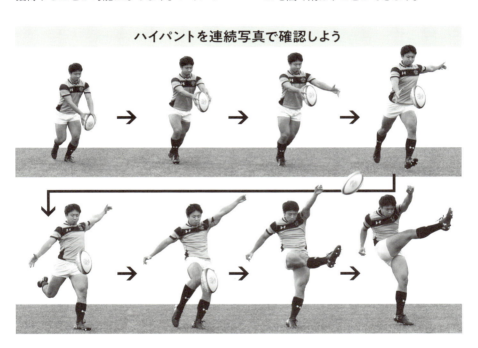

チェック ポイント ハイパントを蹴る時もボールを真っ直ぐ落下させることが重要

○ ボールを真っ直ぐ落とす

ロングキックと同様に、ハイパントを蹴る時もボールの落とし方がポイントになる。真っ直ぐボールを落とすことによって正確なミートが可能になり、ボールをより高く蹴り上げることができる

× ボールを斜め向きで落とす

ボールを横向きや斜め向きで落としてしまうと、正確にボールをミートすることができない。正確なミートができなければボールの軌道が不安定になるうえ、蹴り上げたボールは思ったよりも高く飛ばない

キックの基本をマスターする

ドロップキック

キックオフ、ドロップゴール、ドロップアウトで使うキック

　ドロップキックは、落下させたボールを地面に着地させた直後にキックする方法で、試合ではキックオフ、ドロップゴール、ドロップアウトの時に使われます。特にキックオフとドロップアウトの時は、飛距離よりも高く蹴り上げることが重要になるので、その場合はボールの下側をミートして、蹴り足を高く振り上げるようにしてキックします。ボールを真っ直ぐに落とさないとバウンドが不安定になるので、特にボールの落とし方が重要になります。

ドロップキックを連続写真で確認しよう

チェックポイント　ボールを真っ直ぐ落とすことがスキルアップのための第一歩

✗ 斜めに落とすのはNG

　ドロップキックをマスターする時に重要になるのが、ボールの落とし方だ。ボールを真っ直ぐ落として真上にバウンドさせることができれば正確なキックが可能になるが、横向きや斜め向きに落としてしまうと、思った方向にキックできない

グラバーキック

キックの基本をマスターする

ボールを地面に転がす時に使われるグラバーキック

グラバーキックは、ドロップキックと同じようにボールを地面に着地させた直後にキックしますが、ドロップキックと違い、蹴ったボールを地面に転がすように蹴ります。ボールを真っ直ぐ転がしたい時はボールを傾けずに落下させ、右方向にカーブさせたい時は右に傾けてボールを落とし、左にカーブさせたい時は左に傾けてボールを落としてキックします。蹴った後にボールの転がり方を確認して、それぞれのパターンのキックをマスターしましょう。

グラバーキック

ストレート

右方向のカーブ

左方向のカーブ

> キックの基本を
> マスターする

ゴールキック

ボールを地面にセットして ゴールを狙うゴールキック

　ゴールキックは、ペナルティゴールやコンバージョンゴールを狙う時に行うプレイスキックのことを指します。ティーなどを使って地面の上にボールをセットし、ゴールを狙ってキックしますが、蹴り方はキッカーによってさまざまです。ただし、軸足をボールの真横に置き、ツマ先を蹴る方向に向けて蹴るという基本は共通します。ティーにセットした場合はボールの真下をミートし、腰と蹴り足を一緒に回転させるイメージでキックします。

ゴールキックを連続写真で確認しよう

ロケットティーにボールをセットする

キックする前に軸足の位置を確認する

助走ポイントに立ってゴール位置を確認

斜め方向からボールを見ながら助走する

チェック ポイント 軸足をボールの真横に置いて、ツマ先をゴールに向けてキック

✕ ツマ先がキック方向に向いていないのはNG

軸足はボールの真横に置き、ツマ先をキック方向に向けて蹴る。前すぎると右方向に、後ろすぎると左方向にボールが飛んでしまう（右足で蹴る場合）。ボールと軸足の間隔は人それぞれだが、自分が蹴りやすい位置を練習で見つけておくこと

PART 4

Set play
セットプレー

DRILL 27

「スクラム」ドリル

ボディポジション

チェック・ポイント スクラムのレベルアップのためには正しいボディポジションが重要

スクラムのスキルを磨くためには、まず正しい姿勢を身につけておく必要がある。以下、4つのチェックポイントを挙げておくので、これらを意識して練習してほしい。正しい姿勢をとることで力を前に伝えることができ、腰や背中に負担をかけない。正しい姿勢が安全で強いということを理解しよう。
① 胸を張る
② 背中と地面を並行にする
③ 股関節をヒザより前にする
④ 足幅は肩幅より1足分広くする（右写真）

足幅はスクワットをする位置がベスト

✗ 怪我をしないためにも、スクラムの正しくない姿勢は禁物

ヒザの位置が高いとお尻が上がり、頭が下がる。崩れる原因になる

足（ヒザの位置）が前すぎると股関節が窮屈になり、背中も丸くなる

足幅が狭いと左右の動きにも対応しづらい

[ドリルの設定と方法]

ボディポジションの確認は2人1組で行う。左ページで紹介した4つのチェックポイントを意識して正しい姿勢(ボディポジション)をとる。コーチ役がそれをチェックする。

[ドリルの目的と目標]

スクラムの正しい姿勢を身につけるための入門ドリル。まずは4つのチェックポイントを意識しながら自分で行い、コーチ役にチェックしてもらう。コーチの修正なしでできるようになったら、10秒、30秒、1分と、少しずつ時間を延ばしてボディポジションをキープする練習を行う。次に、正しい姿勢のまま自分で前後左右に動いても姿勢が崩れないようになるまで練習を繰り返し、それができるようになってから下の応用ドリルを行う。

応用 → ドリル 前後左右からプレッシャーをかけられても正しい姿勢をキープする

スクラムではさまざまな方向からプレッシャーがかかる。このドリルで、コーチ役に前後左右から押してもらったり、片足を後ろに引いてもらったりして、プレッシャーがかかった中でも正しい姿勢をキープするスキルを磨く。押されたり足を引かれたりした時に姿勢が崩れたら直ちに修正。コーチ役は適度な力でプッシュする

DRILL 28

「スクラム」ドリル

1対1のスクラム

[ドリルの設定と方法]

スクラムを組む選手2人、コーチ役1人。正しい姿勢でスクラムを組み、10秒、30秒、1分と時間を決め、そのまま姿勢をキープ。次に姿勢を崩さずに前後に動き、さらに左右、時計回り、反時計回りと動く。コーチ役はチェックする。

[ドリルの目的と目標]

スクラムを組んだ時に正しい姿勢をキープするためのドリル。スクラムを組んだ時にどちらかが押し勝とうとするのではなく、お互いを支え合うようなイメージで正しい姿勢を維持することに重点を置く。前後左右に動く時は、どのように動くかを事前に決めておき、声を掛け合って動く。足だけを動かして、お尻が上がるなど体勢が上下しないようにする。コーチ役の「ブレイク」の声で1本終了。

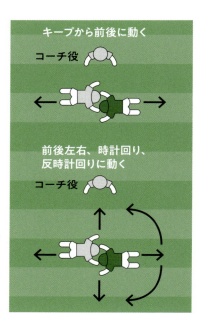

キープから前後に動く
コーチ役

前後左右、時計回り、反時計回りに動く
コーチ役

チェック ポイント 正しいボディポジションがとれないとスクラムが崩れてしまう

❌ ボディポジションが崩れている

左側の選手のお尻が高く、頭が下がっており、ボディポジションが崩れている。スクラムは8対8で組むが、その時に最前列のPR、HOがボディポジションをとれていないままだと周りからの力が加わり、腰やヒザに負担がかかってしまう。また、スクラムが崩れる原因にもなるので注意してほしい

チェック ポイント 正しい姿勢を維持しながら前後左右、時計回り、反時計回りに動く

コーチ役の下、お互いが正しい姿勢でスクラムを組む

姿勢を崩さずに時計回りに動く（写真の角度まで）

姿勢を崩さずに反時計回りに動いて元の位置に戻る（写真の角度まで）

連続写真で確認しよう（前後に動く時）

1

コーチ役がチェックする中、お互いが正しい姿勢を作る

↓

2

↓

3

↓

4

正しい姿勢でスクラムを組んだら、一度そのままの姿勢をキープ。コーチ役は4つのポイントをチェックする

5

一方の選手（右）が姿勢を維持したまま前に足を踏み出して押す

↓

6

足を前に動かして元の姿勢を作る。押された選手も足を動かして元の姿勢を作る

↓

7

押す側の選手がまた前に足を踏み出して押し、押される側の選手は姿勢を維持したまま下がり、次は自分が押す役に

↓

8

2歩程度でストップし、今度は押された側の選手（左）が前に押す。どちらが先に押すかは事前に決めておく

DRILL 29 「スクラム」ドリル
2対2＆3対3のスクラム

[ドリルの設定と方法]

2対2の場合はスクラムを組む選手4人、コーチ役1人。3対3の場合はスクラムを組む選手6人、コーチ役1人。正しい姿勢でスクラムを組み、10秒、30秒、1分と時間を決め、そのまま姿勢をキープ。コーチ役がチェックする。

[ドリルの目的と目標]

人数を増やしてスクラムを組み、正しい姿勢を維持するためのドリル。人数が増えれば増えるほど前からだけでなく、左右や後ろからもプレッシャーがかかるため難易度は上がるが、お互い支え合うように押して姿勢をキープする点は変わらない。スクラムが崩れないようにコーチ役がチェックし、危険な状態になったら「ブレイク」と声をかける。最初のうちは1本ごと毎回確認する（特に崩れた時）。正しい姿勢が最も安全で、最も強いということを忘れない。

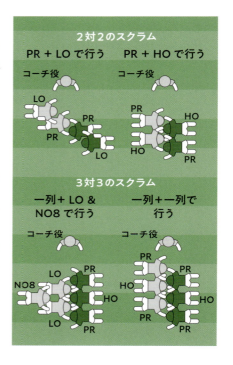

チェック▶ポイント 人数が増えても正しい姿勢を維持してスクラムを崩さない

人数が増えると難易度も上がる。各選手が正しい姿勢を維持することに重点を置くことが重要。力任せに押す選手が1人でもいると、そこからバランスが崩れてスクラムが崩れてしまうので、コーチ役は危険な状態になったら「ブレイク」と声をかける。なお、上の図のように違った組合せで行うとよい

チェック▶ポイント 第一列3人と、LOとNO8の3人の組み合わせで3対3を行う

2対2で正しい姿勢を組めるようになったら、次は3対3のドリルを行う。第一列（フロントロー）同士の3対3はもちろん、第一列とLO（ロック）＋NO8（ナンバーエイト）という3対3にすると、各ポジションの選手がスクラムにおける役割を確認しながら行うこともできる。1本ごとに修正点を確認して繰り返す

連続写真で確認しよう（PR+LOで行う2対2）

コーチ役がチェックする中で、PR（プロップ）とLO（ロック）によるによる2対2を行う

↓

PR同士から組み始める。コーチ役がレフェリーコールをして、それに合わせて行うとよい

↓

PRがバインドし終わったら、続いてLOがそれぞれのPRにバインドする

↓

↓

↓

4人が正しい姿勢でスクラムを組む。コーチ役の「セット」というコールに合わせて行うとよい

↓

スクラムを組んだらお互い支え合うように押し合い、正しい姿勢をキープ。あらかじめ時間を決め、1本終わったら修正点を確認する

応用　ドリル

5対5、8対8と人数を増やして行う

コーチ役のレフェリーコールに合わせて5対5、8対8を行う。レフェリーのコールに合わせ、バインドコールで相手とのギャップ（間合い）を作る。4つのポイントを実行できていないと不安定になり、相手に力をかけないとボディポジションをとれなくなるので注意する

スクラム強化のウエイトトレーニング
スクワット

スクラム時に押す力を鍛える

「スクワット」は、スクラム時に前へ押す力をつけるために欠かせないウエイトトレーニングのひとつです。お尻まわりの筋肉を筆頭に、太モモ、ふくらはぎといった下半身全体を鍛えることができます。ジム施設でなくてもできますが、ここではバーを使った方法を紹介します。

始めはウォームアップとしてバーを使って行い、少しずつプレートをつけて重くして行いましょう（中高生ならバーのみでもよい）。10〜12回を1セットとし、3〜5セット程度を目安にして下さい。

チェックポイント お腹に力を入れて背筋を伸ばし、ヒザとツマ先の位置を合わせる

背筋を伸ばし、ヒザとツマ先が同じくらいの位置関係

❌ **背中を丸めすぎない**

背中が丸まりすぎで、バーの位置も前すぎる

スクワットを行う時はお腹に力を入れることによって背筋をしっかり伸ばして行う。ツマ先をヒザよりも前すぎず、後ろすぎない位置で行い、背中は斜め下に寄せるイメージで

❌ **ツマ先の位置に注意**

ツマ先の位置がヒザより前すぎるのはNG

チェックポイント ツマ先の向きにも注意する

ツマ先の向きはヒザの向きと同じ方向を向いた状態にする

ヒザの向きとツマ先の向きが別方向を向いている状態はNG

チェックポイント 手首をしっかり立てる

バーは強めに握り、手首をしっかり立てた状態で行う

❌ **手首を寝かせた状態はNG**

手首を後ろに寝かせすぎても前にかがめすぎてもいけない

PART 4 Set play セットプレー スクラム強化のウエイトトレーニング

143

WEIGHT TRAINING

スクラム強化のウエイトトレーニング
デッドリフト

背中を中心に効率よく鍛えられる

スクラムを組んだ時に正しい姿勢をキープするために必要な背中全体の筋肉や下半身を鍛えるためには、「デッドリフト」が有効になります。ただし、バーベルを使って行うトレーニングなので、中高生が行う場合は指導者と一緒に行いましょう。

始めはバーだけを使って1セットを10回としてフォームを固め、その後に自分の体重と同じ重さ、体重の1・5倍、2倍を目標にトレーニングして下さい。なお、バーベルを重くした場合は5回を1セットとして行うとよいでしょう。

チェックポイント スクワットと同じように足幅をとり、背中は斜め下に寄せるイメージ

✘ 背中が丸まった状態はNG

✘ ヒザが内側に入りすぎるのはNG

ポイントは、バーベルを持ち上げるときに背中を丸めず、背筋を伸ばして行う点。足幅と向きはスクワットと同様

バーベルを持ち上げる時にお尻を高く上げてしまうと、背中が丸まってしまうので要注意

ヒザの位置が両足の位置よりも内側に入っていると、力がしっかり伝わらないので注意する

チェックポイント 持ち上げる時はバーの位置から足が離れすぎないようにする

✘ 足とバーの距離が離れすぎている

持ち上げる時のスタートポジションでは、バーよりもヒザが前に出た状態になる

両足の位置がバーから離れている状態はNG。姿勢も悪くなるので注意する

7　8　9

WEIGHT TRAINING

スクラム強化のウエイトトレーニング
けん垂

器具を使わずに上半身を鍛える

「けん垂」は、自分の体重を利用したウエイトトレーニングで、バーベルなどの器具がなくてもできるというメリットがあります。背中をはじめ、腕、肩といった上半身全体を鍛えることができるので、スクラムやタックルの強化に有効です。

ポイントは、バーを握る手の位置を肩より少し広めにすること、首をすくめるような姿勢で行わないこと、持ち上がった時に胸とバーが離れすぎていないことなどです。なお、回数は自分で目標を決め、少しずつ増やしていきましょう。

チェックポイント 持ち上がる時は斜め下方向に背中を寄せるイメージで行う

腕の力だけで持ち上がろうとせず、下写真の矢印のように斜め下方向に背中を寄せていくイメージで行う

✗ **首がすくんだ姿勢はNG**

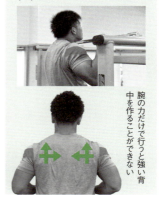

腕の力だけで行うと強い背中を作ることができない

チェックポイント 胸とバーの距離が離れすぎないようにして行う

正しい「けん垂」の姿勢を横から見ると胸とバーが離れていないことが分かる

✗ **胸とバーが離れすぎている**

腕の力に頼って持ち上がると胸がバーから離れすぎてしまう

PART 4 Set play セットプレー スクラム強化のウエイトトレーニング

正しいスローインスキル

スローインのスキルを磨く

ラインアウト時にスローワー（ボール投入者）が行うスローインの正しいスキルを紹介します。チームでスローインを担当する選手（一般的にフッカーが行う場合が多い）は、ここで紹介するポイントを頭に入れて繰り返し練習しましょう。

チェック ポイント
構えた時は両ヒジが閉まった姿勢

正しいボールの持ち方で振りかぶると、両ヒジが閉まった姿勢になる

チェック ポイント
前後にずらしてボールの先を持つ

スローイン時の基本となるボールの持ち方（人によって異なる）

✗ 構えた時に両ヒジが開くのはNG

ボールの中心部分を持つと両ヒジが開いてしまうので注意する

連続写真で確認しよう

1

ボールの持ち方を確認しながら、振りかぶる

2

両足を肩の位置にしてヒザを少し曲げて立っている

3

胸を張るようにして頭の後ろからボールを投げる

チェック ポイント
両足を肩幅の位置に開き
ヒザを少し曲げる

ボールを後ろに持って構える時は両足を肩と同じくらいの位置にして立ち、ヒザを少し曲げて振りかぶる。ヒザを曲げてから伸ばすようにして投げると、全身を使うことができる。ヒザを曲げないと、手だけでボールを投げることになる

チェック ポイント
肩のラインより上でリリースする

投げる距離によって多少変化するが、リリースポイントの基本は頭上付近。リリースする時は指でボールを回転させない。正しく握れていれば自然にボールが回転する

✗ リリース直後の腕が肩のラインより下

ボールをリリースした直後の腕が肩のラインより下がっているかたちはNG

自分の頭の上付近でボールをリリースする

ヒザを伸ばして全身を使って投げるが上体は崩さない

ボールを真っ直ぐ投入できるようになるまで練習する

DRILL 30 「ラインアウト」ドリル
ジャンプ&キャッチ&デリバリー

[**ドリルの設定と方法**]

1人で行う「ジャンプフォーム」ドリルは右ページ参照。「キャッチ&デリバリー」はスローワー1人、受け手1人、レシーバー1人の計3人で行う。スローワーがタッチラインに立ち、受け手はスローワーと向き合って立つ。スローワーがボールを投げ入れ（スローイン）、受け手がキャッチしてレシーバーにパスする。

[**ドリルの目的と目標**]

ラインアウトの基礎ドリル。ジャンプする時は真っ直ぐ上にジャンプし、できるだけ同じ位置に着地するように意識する（右ページ参照）。受け手は正確にキャッチし、素早くレシーバーにボールを渡すまでのスキルを磨く。デリバリー時はレシーバーとのコミュニケーションを忘れない。

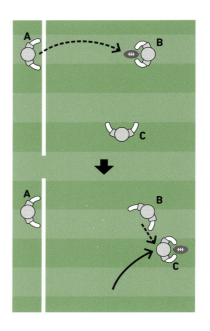

チェックポイント キャッチする時の正しい手のかたちを確認する

ラインアウトを含め、高い位置でボールをキャッチする時は、両方の手のひらでボールを包むようなかたちにしておくことがポイント（写真左）。キャッチする時は、指先でボールをキャッチするようなイメージで行う（写真中央、右）

連続写真で確認しよう（ジャンプフォーム）

着地場所が確認できるようにラインを中心にまたいでジャンプする

↓

できるだけ高くジャンプする意識で行うこと

↓

真っ直ぐ上にジャンプして、キャッチするイメージで手を伸ばす

↓

同じ位置に着地できていれば正しくジャンプできたことになる

連続写真で確認しよう（キャッチ&デリバリー）

スローワーがラインアウト時のように受け手に向かって真っ直ぐボールを投げ入れる（スローイン）

↓

スローワーが正確なボールを投げたことによって、受け手は動かずにボールをキャッチすることができた

↓

ジャンパーは上体をひねり、レシーバーのほうを向く

↓

レシーバーのリードに合わせてタイミングよく正確なパスをする

DRILL 31 「ラインアウト」ドリル
リフトの基本

[ドリルの設定と方法]

リフター2人、ジャンパー1人の計3名。最初はリフター2人だけでフォームをマスターする基礎ドリルを行い、次にジャンパーを加えてリフトする。

[ドリルの目的と目標]

リフトのスキルを磨くためのドリル。ボールを使わず、リフター2人がフォームをマスターすることから始める。フォームが固まったら、ジャンパーを加えて真っ直ぐ持ち上げる動きを練習する。リフターはジャンパーの下に身体を入れて、お尻の下側に手をあてて下半身とヒジの力で真上に持ち上げる。ジャンパーは真っ直ぐジャンプし、リフターは真っ直ぐリフトする。ジャンパーは両足が地面から離れるので安全に行うことが重要。慣れたら3人が離れた位置からリフトし、人数を増やして実際のラインアウトの状況に近づけて練習する。

基礎 ドリル　リフター2人が1組になってリフトのフォームを確認するドリル

実際にジャンパーをリフトする前に、リフター2人でフォームをチェックするための基礎ドリル。ジャンパーの前からヒザの上部に手をあてる人、後ろからお尻の下側に手をあてる人と、それぞれの役割をイメージして行うこと。ツマ先を上げるところまでしっかり行う

基礎 ドリル　メディシンボールを使ってリフトのフォームをマスターする

メディシンボールを使って行うフォーム作りのためのドリル。上の基礎ドリルで身につけたフォームから、ボールをジャンパーに想定してリフトする。ボールを真上に上げるイメージで行う

リフター2人でジャンパーをリフトする

チェックポイント

持ち上げる時の手の位置を確認

フォームをマスターしたら、リフター2人でジャンパー1人をリフトするドリルでスキルを磨く。特にこのドリルでは、3人がすぐにリフトできる状態からスタートしてリフターの手のあてる場所をチェックする。ジャンパーの前方のリフターは両ヒザの上の部分、後方のリフターはお尻の下側に手をあててリフトする。リフトしきった時に静止し、リフター2人がそのフォームを維持するところまで行う

3人が離れた場所から移動してリフトする

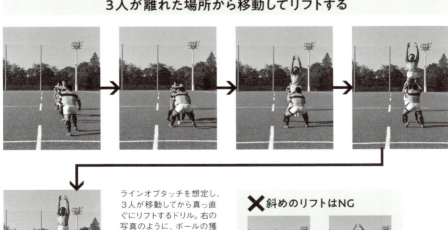

ラインオブタッチを想定し、3人が移動してから真っ直ぐにリフトするドリル。右の写真のように、ボールの獲得を意識しすぎると斜めに傾き、相手チームの選手と衝突する危険性があるので注意すること

✗斜めのリフトはNG

DRILL 32 「ラインアウト」ドリル
リフト&キャッチ&デリバリー

[**ドリルの設定と方法**]

スローワー1人（A）、リフター2人（BとD）、ジャンパー1人（C）、レシーバー1人（E）の計5名。ラインアウトの設定でスローワーAが真っ直ぐにボールを投げ入れ、リフターBとDがジャンパーCをリフト。Cは空中でボールをキャッチし、レシーバーEにパスする。

[**ドリルの目的と目標**]

リフター2人がジャンパーを正しい姿勢でリフトし、ジャンパーが空中でキャッチしてレシーバーにパスするまでのスキルを磨く。スローワーも含めてどの位置でラインアウトのボールを受け取るかをあらかじめサインで決めておく。スローインが悪い時（外れた時）、ジャンパーがボールをキャッチしようとすると体勢が崩れて危険なので、無理をしないこと。

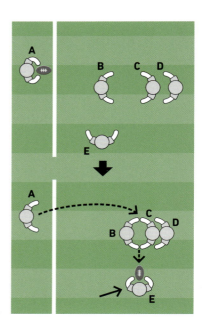

応用ドリル　人数を増やして実際のラインアウトの状況に近づけていく

ラインアウトプレーヤーを1人増やし、どの位置でボールを受けるかをサインで決める

ジャンパーが空中でボールをキャッチ。レシーバーはパスをもらうためにジャンパーに近づく

ジャンパーはキャッチしたボールを素早くレシーバーにパス。さまざまなパターンで練習する

❌ 全員が同じイメージを描けていないとボールを獲得できない

スローワーがボールを投げ入れた時にまだリフトの準備ができていない

タイミングが遅れたため、リフトした時にはもうボールが通り過ぎた

慣れたら人数を増やして実戦に近づけていく。最終的に相手チームの選手をつけて実際のラインアウトと同じ設定で練習することを目標にする。人数が増えると難易度が上がるので、段階を踏んで行うこと

連続写真で確認しよう

スローワー、リフター2人、ジャンパー、レシーバーの計5人がそれぞれのポジションにつく

↓

ジャンパーとリフター2人がキャッチするポイントに動く。サインは誰が出すか事前に決めておく

↓

スローワーがボールを真っ直ぐに投げ入れる。リフターはジャンパーをリフトする準備をする

↓

タイミングを合わせてリフターがジャンパーをリフトする

空中高い位置でジャンパーがボールをキャッチする

↓

↓

ジャンパーはキャッチしたボールをレシーバーにパスする

↓

レシーバーにパスが渡り、ラインアウト成功。慣れたらレシーバーに動きをつけて実戦に近づけて練習する

DRILL 33

「キックオフ」ドリル
キックオフキャッチ

[ドリルの設定と方法]

リフター2人、ジャンパー1人、コーチ役(兼ボールの投げ役)1人の計4人。10m四方に色違いのマーカーを4つ置き、リフター2人とジャンパーが中央に並ぶ。始めはボールを使わず、コーチ役が指定する場所に移動してリフトするドリルを繰り返す。

[ドリルの目的と目標]

キックオフのボールをリフトしてキャッチするためのドリル。①ボールを使わず、コーチ役が指定する場所に移動し、正しくリフトする動きを身につける。②その場でリフトしてから、投げ役が投げたボールをキャッチする。慣れたら、投げ役がボールを高く投げてからその場でリフトしてキャッチするドリルを行う(移動なし)。焦って不完全なリフトをすると危険なので注意する。

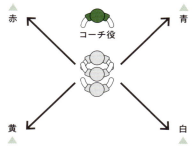

チェックポイント 移動してから素早くリフトするまでの動きを磨くドリル

リフトする場所にボールを投げる

ボールを投げてからリフトする

指定された場所に移動してからリフトする動きをマスターしたら、次にボールを使ったドリルに移る。始めはリフトした後に投げ役がボールを投げ、ジャンパーがキャッチする。それができるようになったら、3人がいる場所に投げ役がボールを高く投げてから、リフトしてキャッチするドリルを行う。このドリルに慣れてから、下の応用ドリルに移行すること

応用ドリル 3人がポジション移動してからリフトしてキャッチする

あらかじめ決めた場所にジャンパーとリフター2人がコミュニケーションをとりながら素早く移動

ジャンパーとリフター2人がリフトする場所に移動してきたら、ボールを高く投げる

ジャンパーがボールをキャッチ。慣れたらこのドリルを発展させ、キックオフを想定して練習する

連続写真で確認しよう
（移動してからリフト）

リフター2人、ジャンパー1人が4つのマーカーの中央に集まる

↓

コーチ役がコール（色などで指定）したマーカーに3人が素早く移動する

↓

指定された場所に移動したら、リフター2人がジャンパーをリフトする

↓

リフトしたら、ジャンパーが着地するまでしっかり行って1本終了。このドリルを繰り返し、フォームを身につける

連続写真で確認しよう
（ボールを投げてからリフト）

ジャンパーとリフター2人が並んだ場所に、投げ役の選手がボールを高く投げる

↓

リフター2人とジャンパーはボールの軌道を読んだうえで、素早くリフトする体勢に入る

↓

ジャンパーが空中にあるボールをキャッチ。キャッチの際は手のひらではなく指先を使う

↓

ジャンパーが着地したら1本終了。慣れたら3人が移動してからリフトするドリルに発展させる（左ページ参照）

帝京大学ラグビー部
2017年度・公式戦全試合結果

大会名	試合日	試合会場	対戦	スコア
春季大会	2017.4.29	岐阜県長良川球技メドウ	vs 大東文化大学	○ 35 - 26
春季大会	2017.5.28	山梨中銀スタジアム	vs 東海大	○ 31 - 28
春季大会	2017.6.4	北海道月寒屋外競技場	vs 明治大	○ 40 - 26
春季大会	2017.6.11	帝京大学百草グラウンド	vs 早稲田大	○ 35 - 14
春季大会	2017.6.18	帝京大学百草グラウンド	vs 流経大	○ 75 - 22
関東大学ジュニア選手権	2017.10.1	帝京大学百草グラウンド	vs 東海大	○ 50 - 31
関東大学ジュニア選手権	2017.10.8	帝京大学百草グラウンド	vs 明治大	○ 40 - 31
関東大学ジュニア選手権	2017.10.15	流通経済大学第1グラウンド	vs 流経大	○ 47 - 7
関東大学ジュニア選手権	2017.10.21	帝京大学百草グラウンド	vs 慶應大	○ 35 - 7
関東大学ジュニア選手権 準決勝	2017.11.12	帝京大学百草グラウンド	vs 慶應大	○ 73 - 17
関東大学ジュニア選手権 決勝	2017.11.25	秩父宮ラグビー場	vs 明治大	○ 30 - 14
関東大学対抗戦	2017.9.17	帝京大学百草グラウンド	vs 成蹊大	○ 70 - 0
関東大学対抗戦	2017.9.30	秩父宮ラグビー場	vs 日体大	○ 70 - 3
関東大学対抗戦	2017.10.14	秩父宮ラグビー場	vs 青山学院大学	○ 89 - 5
関東大学対抗戦	2017.10.28	秩父宮ラグビー場	vs 早稲田大	○ 40 - 21
関東大学対抗戦	2017.11.5	相模原ギオンスタジアム	vs 慶應大	○ 31 - 28
関東大学対抗戦	2017.11.18	ニッパツ三ツ沢競技場	vs 明治大	○ 41 - 14
関東大学対抗戦	2017.11.26	秩父宮ラグビー場	vs 筑波大	○ 64 - 26
大学選手権大会 準々決勝	2017.12.23	秩父宮ラグビー場	vs 流経大	○ 68 - 19
大学選手権大会 準決勝	2018.1.2	秩父宮ラグビー場	vs 東海大	○ 31 - 12
大学選手権大会 決勝	2018.1.7	秩父宮ラグビー場	vs 明治大	○ 21 - 20

PART 5

Team training

チーム
トレーニング

地域の特徴を理解しよう

アタック、ディフェンス時の地域の特徴を理解する

アタックとディフェンスを行う時に理解しておかなければいけないことが、地域の特徴です。

まず、フィールドのサイズは横幅70m、縦幅100mですが、プレーしているエリアによってゴールラインまでの距離が変化するため、縦幅はそれに従って変化するということを頭に入れておく必要があります。

たとえば、敵陣22mのエリアでディフェンスする時は自陣ゴールラインまで78mあり、逆に自陣22mのエリアでディフェンスする時は自陣ゴールラインまで22mしかありません。つまり、プレーする地域によって、各選手のポジショニングもそれに合わせて変化させてディフェンスする必要があるということです。

ここでは、フィールドを下のように3分割してそれぞれの地域の特徴を紹介するので、必ず覚えておきましょう。

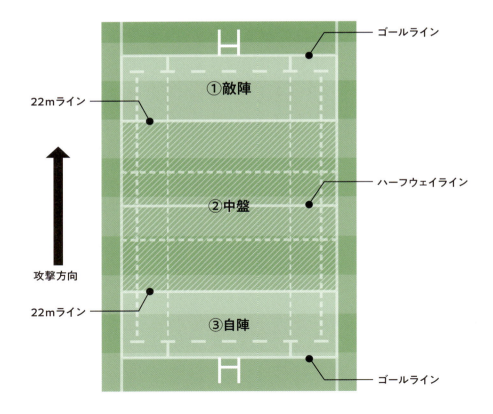

①敵陣エリアの地域の特徴

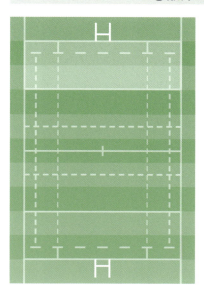

アタック時

アタックする時はスコアチャンスになるエリア。もし相手が反則をしてペナルティキックを得ることができれば、ペナルティゴールを狙うか、タッチにボールを蹴り出して敵陣ゴールライン付近でのラインアウトから再開することができる。また、DF側は後ろのスペースが狭いので、バック3（FBとWTB2人）もディフェンスラインに参加でき、人数が増えた分、外側のスペースは少なくなる。そのため、ワイドにスペースが生まれにくいのでラック等の起点から近いゾーンへのボールキャリーによって、ゲインラインを押し上げることが多くなるという特徴がある

ディフェンス時

このエリアでディフェンスする時は、ターンオーバーをすればスコアチャンスに転じることができる。ただし、相手（AT側）はキックを使って前進してくる可能性が高いエリアなので、それに備えてDF側はバック3が後ろにポジションをとってキック対応することになる（SHやNO8がキックケアのために下がることもある）。したがって、ディフェンスラインの人数は少なくなるという特徴がある

②中盤エリアの地域の特徴

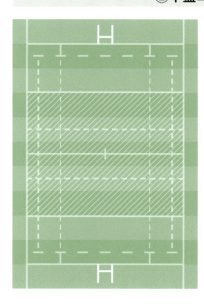

アタック時

AT側にとっては、敵陣に入るために重要になるエリア。縦幅がそれなりに広くキックスペースがあるため、相手（DF側）がキックに備えて後ろに人を下げればディフェンスラインの人数が減り、パスチャンスが生まれる。逆に相手がディフェンスラインの人数を増やせば、キックスペースが生まれるので、相手の動きと位置をよく見て、判断、コミュニケーションをとることが重要になる。AT側のリスクも自陣に比べると少ないので、ボールを動かしながらスペースを作るためのプレーを継続し、アタックを仕掛ける傾向が強いエリアでもある

ディフェンス時

キックスペースをカバーする必要があるため、DF側はバック3など後方のスペースを守る選手が下がってポジションをとる必要がある。その分、ディフェンスラインに参加できる人数は少なくなる。逆にAT側はボールを直接タッチに蹴り出せないので、パスを使ってくる可能性も高く、したがってDF側はランとキックに対応するためにバック3が連携してディフェンスする必要がある

③自陣エリアの地域の特徴

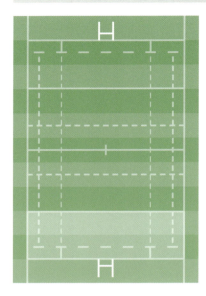

アタック時
ＡＴ側にとってはピンチのエリア。ボールを保持していても、ターンオーバーされると、相手にスコアチャンスが生まれる。ランやパスでアタックを続けるには敵陣までの距離が遠く、ミスをするとターンオーバーされて相手にチャンスを与えてしまうリスクがあるため、ボールを直接タッチに蹴り出して地域を挽回することが多くなる。一方で、キックスペースをカバーするために相手のバック３（SHやFWも）が下がっているので、その分、ディフェンスラインに参加する相手の人数は少なくなる。よって、ディフェンスラインのスペースを突いてゲインする方法も考えられるエリア

ディフェンス時
DF側にとっては、自陣ゴール前のピンチとなるエリア。ペナルティをすると、ペナルティゴールやゴール前5mのディフェンスを強いられるので、反則に注意してディフェンスをすることが重要になる。また、自陣ゴールラインが近いため、キックをカバーするエリアが狭く、WTBなどもディフェンスラインに参加して人数をかけて守ることができる。ディフェンスラインの人数が多い分、ディフェンスラインを前に出すことができるという特徴もある

アタックをする時もディフェンスをする時も、それぞれの地域の特徴を理解しておくことが重要

トランジションを理解しよう

トランジションが起きた場合素早い対応が必要になる

試合では、ボールを保持するチーム（AT側）と、保持していないチーム（DF側）とで分けることができます。その際、ボールを保持するチームがボールを相手に奪われターンオーバーが起こると、「アタックからディフェンス（＝ピンチ）」、奪った側は「ディフェンスからアタック（＝チャンス）」というトランジション（攻守の切り替え）を迎え、どちらが素早く対応するかが重要になります（ちなみにターンオーバーは、接点=ブレイクダウン、キック、ノックオンなどのミスによって起こる）。ラグビーではこのトランジションはとても重要な要素なので、ここで紹介することをしっかり覚えておいて下さい。

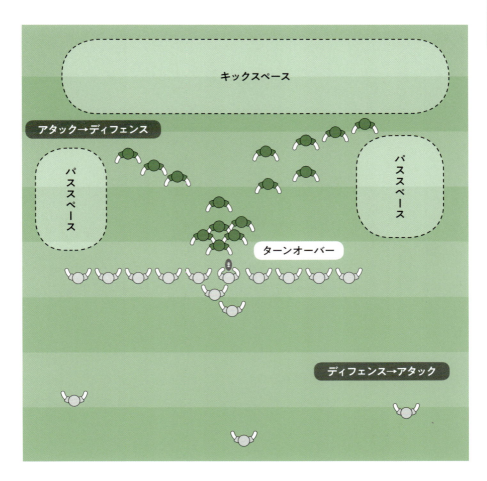

ディフェンスからアタックへの切り替え

相手がDFラインを整える前にスペースを見つけて攻撃する

ディフェンスからアタックに切り替える時は、相手がポジショニングを整える前のディフェンスラインが崩れた状態（チャンス）です。そのため、素早く下がってアタックラインを作り（position）、前を見てスペースを見つけ（look）、周りの味方と連携（communication）してアタック（execute）することが重要です。また、スペースへボールを運んだ後も、引き続き次のチャンスを作るために各選手がプレーのサイクルを素早く実行する必要があります。それを怠るとせっかくのチャンスが潰れてしまうことを理解しておきましょう。

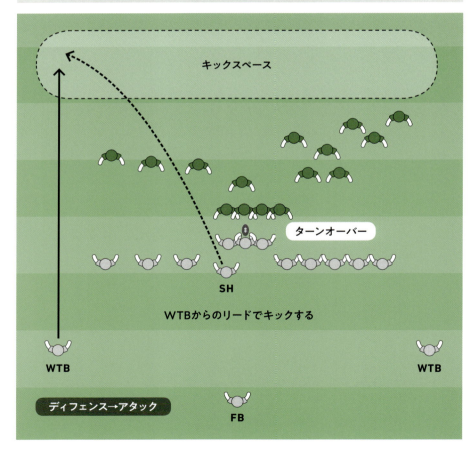

DFからATへの切り替えの例（キックスペースの活かし方）

DFからATへの切り替えの例（パススペースの活かし方）

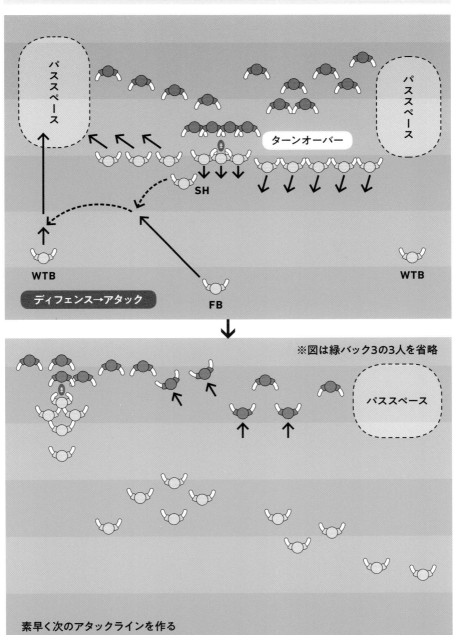

アタックからディフェンスへの切り替え

素早くポジションを移動してスペースをしっかり埋める

アタックからディフェンスに切り替える時に重要になってくるのが、プレーのサイクルを素早く実行することです。

ターンオーバーされるまではアタックラインを作っていたため、ターンオーバーされた時にキックスペースとパススペースができています。しかしトランジションが起こった瞬間に、ボールを獲得した相手チームはそのスペースを狙ってアタックを仕かけてきます。そこで、ターンオーバーされたら素早くキックスペース、パススペースを埋めるポジションをとり（position）、相手を見て（look）、周りの味方と連携し（communication）、ディフェンスラインを整えて相手にプレッシャーをかける

ATからDFへの切り替えの例（キックスペースの活かし方）

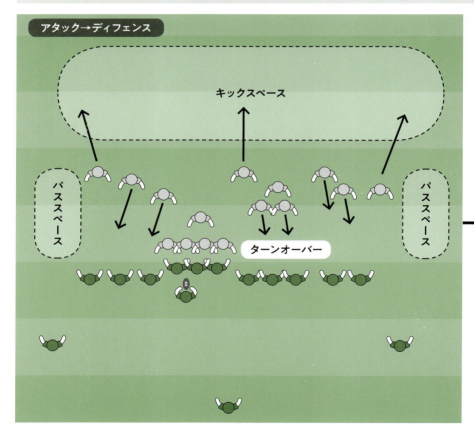

(execution）必要があります。

　もちろん、この2つのスペース以外にも、各エリアでコネクションを整えておかなければ、相手にゲインラインを越えられてしまう危険性があります。そうなれば不利な状況が続くことになるので、とにかく各選手が素早くプレーのサイクルを実行することが大切になります。そのことを頭に入れてプレーして下さい。

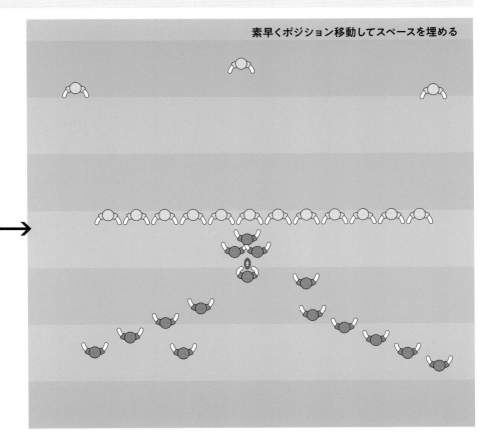

素早くポジション移動してスペースを埋める

DRILL 34 「ゲームシーン」ドリル

センターラックシーン

コンタクトの強度に注意

[ドリルの設定と方法]

フィールド中央エリアのラックを想定したマーカーを設置し（3つ）、AT側はSHを含めて4人、DF側4人で行う。左右どちらに展開するかを事前に決め、コーチの合図でスタート。DF側はAT側の動きを見てポジションをとり、ディフェンスする。1フェーズで行う。

[ドリルの目的と目標]

中央エリアのラックから、数的同数におけるATとDFを想定したゲームシーンのドリル。AT側はパスとキャリーでアタックを仕掛け、DF側がそれに対応する（ドリル23参照）。最初のポジショニングを意識し、ATもDFもプレーのサイクルを素早く実行する。慣れたら人数を変化させる。たとえばDFの人数を減らして行う（ドリル24参照）。なお、人数を増やす場合は設定エリアを広げる。

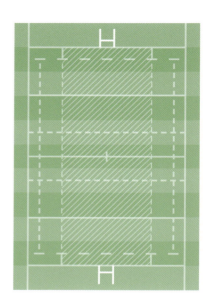

応用 ドリル AT側とDF側のスタート位置とタイミングを変化させて行う

AT側がポジショニングしてしている状態

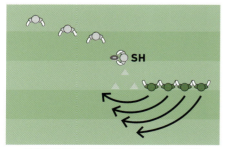

DF側に不利な状況を設定した応用ドリル。AT側がポジションをとった状態でコーチが開始の合図をする。DF側は、移動しながらAT側のポジションを確認する。さらに難易度を上げる場合は、AT側はDF側がポジションを整える前にアタックする

DF側のスタート位置を遠くする

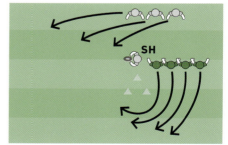

DF側にとってゲインされた後の状況を想定した応用ドリル。DF側のスタート位置をラックより前に設定する。AT側とDF側はコーチの合図によって同じタイミングでスタートするが、DF側の移動距離が長くなる分、対応がむずかしくなる

図版で確認しよう（ATが右に展開する場合）

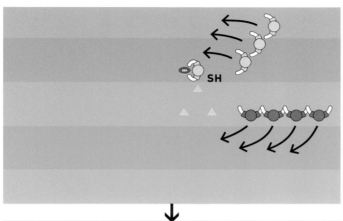

AT側4人（SH含む）、DF側4人が、スタートポジションに立つ。あらかじめAT側は決められた方向に展開することとし、コーチの合図で一緒にスタートする。DF側はボールばかりを見ないで、前にいる相手（ATの選手）を確認してポジショニングすること

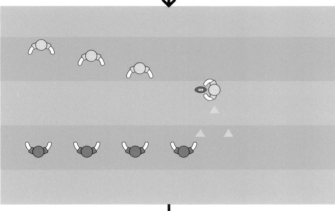

AT側は、インサイドの選手がSHからパスをもらい、DF側の動きとポジションを確認してアタックを仕かける。DF側はAT側のポジションと動きを確認し、マークを決めてポジションをとる

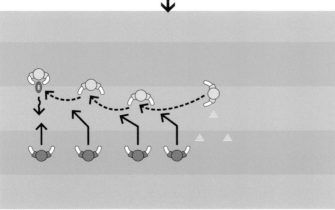

SHからのパスに合わせて、DF側は前に出てプレッシャーをかけ、外に展開するアタックに対して連携しながら対応する。AT側がDFを突破するか、DF側がアタックを止めたら1本終了。慣れたら、DF側が止めた後、ブレイクダウンへの参加や次のポジショニングまで行う。うまくいかなかった時は、プレーのサイクルが正しく実行できていたかを確認すること

PART 5 Team training チームトレーニング「ゲームシーン」ドリル

「ゲームシーン」ドリル
サイドラックシーン

コンタクトの強度に注意

[ドリルの設定と方法]

フィールドのサイドエリア（タッチライン付近）のラックを想定したマーカーを設置し（3つ）、AT側はSHを含めて4人、DF側4人で行う。コーチの合図でアタックをスタートし、DF側はAT側の動きを見てポジションをとり、ディフェンスする。1フェーズで行う。

[ドリルの目的と目標]

サイドエリアのラックから、数的同数におけるATとDFを想定したドリル。AT側はパスとキャリーでアタックを仕掛け、DF側がそれに対応する（ドリル23参照）。中央エリアでのドリル（ドリル34）と異なり、ここではオープンサイド（中央側）への展開に限定する。慣れたら人数を変化させ、単純なパスだけでなく、オプションを試す。

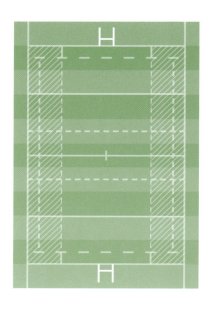

応用 ドリル AT側とDF側のスタート位置とタイミングを変化させて行う

AT側がポジショニングしている状態

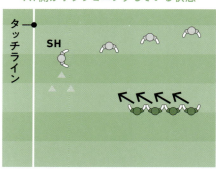

P168と同様、DF側に不利な状況を設定した応用ドリル。AT側がポジションをとった状態にしてからコーチが開始の合図をする。DF側は、AT側のポジションを確認し、対応する。さらに難易度を上げる場合は、DF側がポジションを整える前にAT側がアタックする

DF側がゲインされた状態

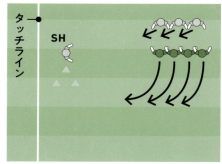

P168と同様、DF側のスタート位置を変え、DF側がゲインされた後の状況を想定して行う応用ドリル。AT側とDF側はコーチの合図によって同じタイミングでスタートする。DF側はオンサイドの位置まで戻ってからプレーする必要があるので、移動距離が長くなる

図版で確認しよう(サイドエリアでATが中央側へ展開する場合)

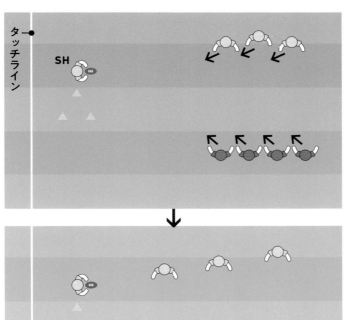

サイドエリアで、AT側4人(SH含む)、DF側4人が、スタートポジションに立つ。AT側はオープンサイド(中央側)へ展開することとし、コーチの合図で一緒にスタートする。DF側はボールばかり見ないで、前にいる相手(ATの選手)を確認してポジショニングすること

AT側は、インサイドの選手がSHからパスをもらい、DF側の動きとポジションを確認してアタックを仕かける。DF側はAT側のポジションと動きを確認し、マークを決めてポジションをとる(この時、ボールばかりを見てしまうと自分の前のマークがずれてしまうので注意する)

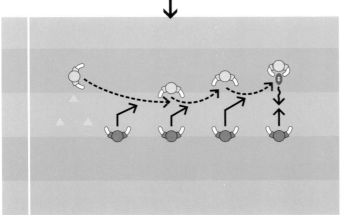

DF側は前に出てプレッシャーをかけ、中央側に展開するアタックに対して連携しながら対応する。AT側がDFを突破するか、DF側がアタックを止めたら1本終了。慣れたら、DF側がアタックを止めた後、ブレイクダウンへの参加や次のポジショニングまで行う。うまくいかなかった時は、プレーのサイクルが正しく実行できていたかを確認すること

DRILL 36 「ゲームシーン」ドリル
オーバーラップシーン

> コンタクトの強度に注意

[**ドリルの設定と方法**]

中央エリアのラックを想定したマーカーを設置し（3つ）、AT側はSHを含めて6人、DF側3人で行う。AT側は展開する方向を事前に決め、コーチの合図でスタート。1フェーズで行う。なお、ATとDFの人数設定は任意とするが、AT側の数的優位を作って行う。

[**ドリルの目的と目標**]

AT側の人数がDF側より多いシーンに特化したドリル。AT側はストレートランでDF側に外のスペースをとられないようにアタック。もしDF側が先に外にポジション移動して前にスペースが生まれた時は、キャリーを選択する。一方、数的不利のDF側は、アタックをケアしながら外に追いやって止めるようにディフェンスする。

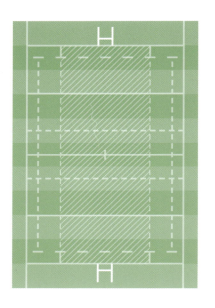

応用 → ドリル AT側の数的優位な状況を作って行う2つの応用ドリル

AT側がポジショニングしてから

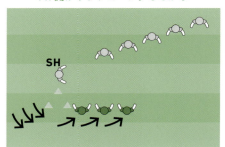

さらにDF側に不利な状況を設定した応用ドリル。AT側がポジションをとった状態にし、SHハーフがパスをしたらスタート。DF側は、AT側のポジションを確認し、ポジショニングしてからアタックを外に追いやるようにディフェンスする

DF側にWTB1人を加えて行う

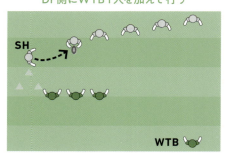

DF側にキックケアのために後方にポジションをとっているWTB（ウイング）1人を加え、AT側もDF側もポジションをとった状態から行う。DF3人が外に追いやるようにディフェンスをする中、WTBが彼らと連携。最適なタイミングで前に出てボールキャリアを止める

図版で確認しよう（AT側6人、DF側3人の場合）

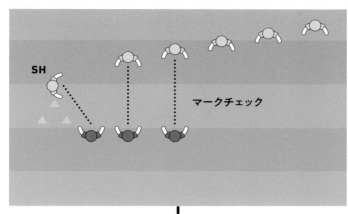

AT側6人（SH含む）、DF側3人が、スタートポジションに立つ。あらかじめAT側は決められた方向に展開することとし、SHのパス出し（ボールアウト）をスタート合図とする

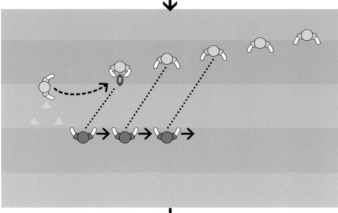

AT側は、インサイドの選手がSHからパスをもらい、DF側の動きとポジションを確認してストレートランでDF側に外のスペースをとられないようにアタック。もしDF側が先に外に動いて前方にスペースができた時はキャリーを選択する。DF側は数的不利な状況なので、コミュニケーションをとりながらAT側のパスに合わせて「マークチェンジ」し、アタックを外（タッチライン側）に追いやるようにディフェンスする

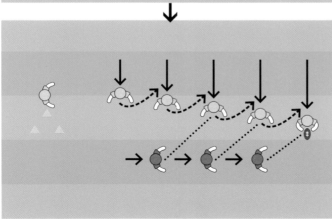

AT側が突破するか、DF側がアタックを止めたら1本終了。慣れたら、DF側が止めた後、ブレイクダウンへの参加や次のポジショニングまで行う

DRILL 37

「ゲームシーン」ドリル

キックシーン

コンタクトの強度に注意

[ドリルの設定と方法]

　フィールド全体を使用し、15対15で行う。ラック、スクラム、ラインアウトなど任意の方法でプレーを開始し、AT側は数フェーズ重ねることで相手（DF側）のバック3を動かし、スペースを狙ってキック。DF側がキャッチしたらキックチェイス（「ドリル25」参照）をしてキックカウンターを止める。ボールをキャッチする側（DF側）は、キックされるまでは連携しながらディフェンスし、キックケアもする。キャッチ後はキックカウンターを仕掛ける。キックカウンターが止められたら1本終了。慣れたらキックカウンター後も数フェーズ続ける。

[ドリルの目的と目標]

　キックシーンにおけるアタックとディフェンスを確認するドリル。AT側（キックする側）は、数フェーズ重ねる中で相手のバック3を動かしてキックスペースを作り、キック後にしっかりキックチェイスができているかを確認する。一方のDF側はフェーズを重ねる中でバック3が連携できているか（キックケア）、キャッチ後のキックカウンターの際にしっかりサポートできているかをチェックする。フェーズを重ねると選手のポジションが次々と変化するが、その中でも各選手がプレーのサイクルを素早く実行できるかがポイントになる。

バック3の連携が悪く、キックスペースが生まれたケース

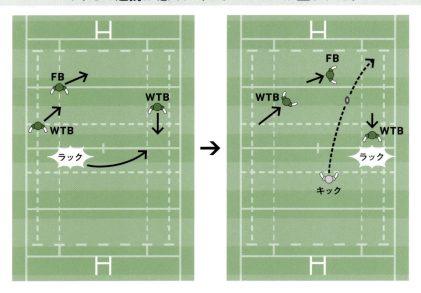

図版で確認しよう（バック3の動き）

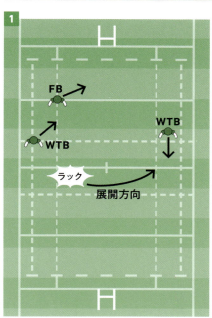

15対15で行う（図は人数省略）

左サイドエリアでのラックを想定した場合。AT側は数フェーズ重ね、相手（DF側）のバック3を動かしてキックスペースを作る。その際、DF側のバック3は適切なポジショニングをとってキックケアをする

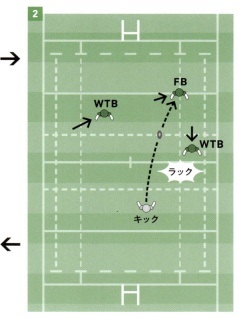

AT側がフェーズを重ねて中央エリアに向かってアタックを展開。それにともない、DF側のバック3はキックケアをするためにポジションを移動。AT側はキックスペースを狙ってキックする

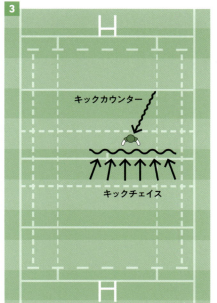

DF側のFB(フルバック)の選手が相手のキックをキャッチし、キックカウンターを仕掛ける。今度はキックした側のチームがキックチェイスし、キックカウンターを止める。キックカウンターだけでなく、FBがキックするシーンも行う

DRILL 38 「ゲームシーン」ドリル
ウォール（壁）

コンタクトの強度に注意

［ ドリルの設定と方法 ］

　15対15で行うアタックとディフェンスのドリル。AT側はハーフウェイラインなど任意のラインを決め、それより前に出てはいけない（ゲインできない）という条件をつけ、あらかじめチームで決めたアタックパターンを確認する。DF側は、AT側が任意のラインを越えないようにディフェンスする（AT側、DF側とも6割程度のスピードで行う）。フェーズ数を決め、長くても1分程度で1本を終える。

［ ドリルの目的と目標 ］

　AT側は、チームのパターンを確認することに主眼を置くので、6割程度のスピードで行う（右ページ参照）。DF側も同様に6割程度のスピードで行う。ハーフウェイライン、10mライン、22mラインなど、AT側に越えられないライン（壁）を設定する目的は、フェーズを重ねてもストラクチャーを維持し、状況に応じたアタックを仕かけられるようにするため。単にパターンを繰り返すのではなく、DF側のポジションなどを確認し、コミュニケーションをとりながら状況に応じてパターンを使い分ける。同じ形式で、DF主体のドリルも行う。

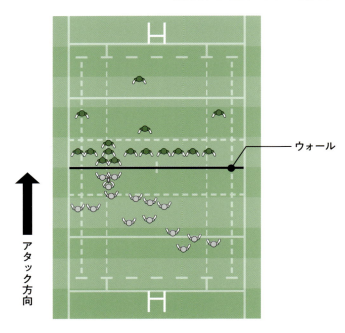

ウォール

アタック方向

図版で確認しよう

15対15（図は人数省略）

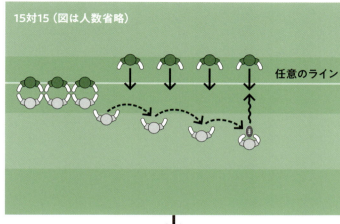

任意のライン

任意の場所からアタックを開始し、あらかじめチームで決めているアタックパターンを確認する。ただし、任意のラインより前に出ることはできないという条件でフェーズを重ねる。DF側は、AT側が任意のラインを越えないようにディフェンスする

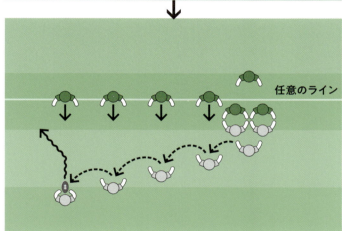

任意のライン

DF側に止められたら、接点から再びアタックを仕掛ける。これを、あらかじめ決めておいたフェーズ数を行い、長くても1分程度続ける。10mラインや22mラインなど、地域的特徴を頭に入れながらアタックのパターンを行う

チェックポイント　イメージを共有するためにATとDFを6割程度のスピードで行う

このドリルを行う時は、AT側は6割程度のスピードで行い、DF側もタックルやブレイクダウンのコンタクトレベル（強度）は試合より低くして行う。理由は、アタックとディフェンスが試合同様のコンタクトレベルで長い時間、多くの回数を行うと、怪我のリスクが高まるからだ。ここでの目的は、強度を抑えて双方のキーとなるポイントが実行できているかの確認にあることを頭に入れておいてほしい。なお、ディフェンスがコンタクトレベルを下げるとAT側が簡単にゲインラインを越えることができてしまうので、AT側は6割程度のスピードで設定ラインに向かい、自分たちのアタックのパターンを繰り返すことでイメージを作ること。これは、ディフェンスを主体としてこのドリルを行う時も同じ。目的はイメージを全員が共有することであり、怪我のリスクを下げて繰り返し行ってほしい

DRILL 39

「ゲームシーン」ドリル

トランジションシーン

> コンタクトの強度に注意

[ドリルの設定と方法]

中央と両サイドに3人のコーチがそれぞれ立つ。選手15人が、任意で決めた場所からディフェンスラインを作る。3人のコーチのうち1人がターンオーバーを意味する笛を吹いて手を挙げたら、そこにスペースがあると仮定してプレーのサイクルを実行し、アタックラインを作ってボールを運ぶ。

[ドリルの目的と目標]

ラックに対してディフェンスラインを作った状態から、ターンオーバー後の攻守の切り替えとアタックのパターンを確認するためのドリル。このドリルのポイントは、トランジション（攻守の切り替え）時のポジショニングと、前を見ること。動き出しを早くし、前（どこにスペースがあるか探す）を見ることを身につける。前を見て、コミュニケーションをとって、味方と連携しながらスペースにボールを運ぶこと。また、スペースへボールを運んで終わりにするのではなく、次のポジショニングまで行うようにする。トランジションからチャンスを作り続けるという意識を忘れないようにする。

チェック ポイント
前（相手）を見る重要性を再確認する

このドリルでは、前を見ることを特に意識してほしい。いくらポジショニングが早くても、相手が待ち構えているところにボールを運んでしまうと、よいアタックにはならないので気をつけよう。トランジションのシーンでは、DF側は崩れた状態なので、アタック側のチャンスとなる。それぞれの選手がポジショニングを行いながら、自分の前を見て、スペースを見つけた選手がリードし、連携しながらそのチャンスを生かすことが重要になる。自分たちのアタックのパターンだけを考えてボールを運んでしまうと、せっかくのチャンスが台無しになってしまうので、相手の位置や状況をしっかり確認すること。チャンスをくれるのは前にいる相手であるということを忘れないようにする

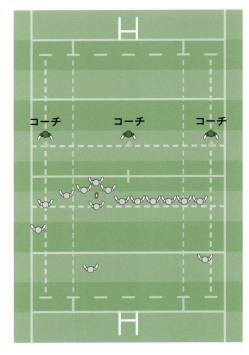

図版で確認しよう

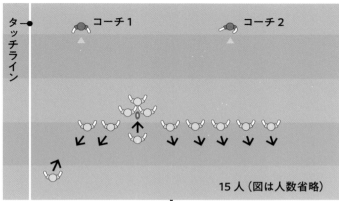

フィールドの中央、両サイドに3人のコーチがそれぞれ立つ（図は2人に省略）。任意の場所にラックを作り、それに従ってディフェンスラインを作る（ここでは左サイドのエリアに設定）。コーチ2が笛を吹いて手を挙げたら、ポジショニングを始める

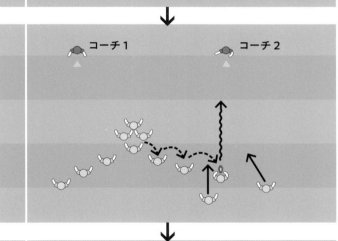

ポジショニングしながら前を見てアタックラインを作り、コミュニケーションをとりながら手を挙げたコーチ2が立っている場所に向かってボールを運ぶ。ボールキャリアーにサポートがしっかりつくこと

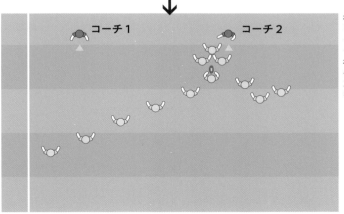

ボールを運ぶ中で、ボールキャリアーにサポートがついて、ラックを形成。そして、次のアタックラインを作って1本終了。ボールを運んだら終わりにするのではなく、次のポジショニングまで正確にできているかをしっかり確認する

DRILL 40

「ゲームシーン」ドリル
ウォール・トランジション

> コンタクトの強度に注意

[ドリルの設定と方法]

15対15で「ドリル38」と同じように任意のラインをウォールとして設定。AT側は任意のラインを越えないようにアタックする。コーチの笛の合図でターンオーバーを発生させる。合図によりAT側は攻から守へ、DF側は守から攻へと切り替わり、双方がプレーのサイクルを実行。ペナルティ、ラックのターンオーバー、コーチが別のボールを投入するなど、任意でターンオーバーの状況を作る。トランジション後はウォール（壁）を解消し、試合同様のスピードで行う。

[ドリルの目的と目標]

「ドリル38」と「ドリル39」で学んだことをミックスさせたドリル。トランジション後のアタックとディフェンスをメインの目的とするため、コーチは3フェーズ程度でトランジションのシーンを作る。AT側もDF側も、トランジッション後にプレーのサイクルを実行できるようになることを目標とする。導入として、トランジション時にATかDFどちらかの人数を減らすことで難易度をコントロールすることができる。たとえば、トランジション時にDF側（攻→守）の2人はプレーに参加しないことで、AT側（守→攻）は、その分スペースが見つけやすくなる。

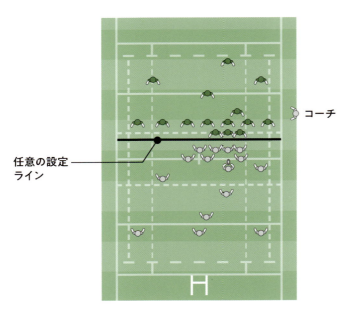

任意の設定ライン

コーチ

図版で確認しよう（10mラインをウォールとした場合）

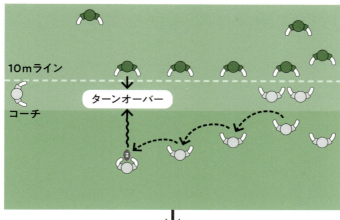

10mラインをウォールに設定し、AT側はそのラインを越えないようにアタックする。コーチが任意のタイミングと方法でターンオーバーを作り、両チームの攻守が入れ替わる。それぞれがプレーのサイクルを素早く実行する

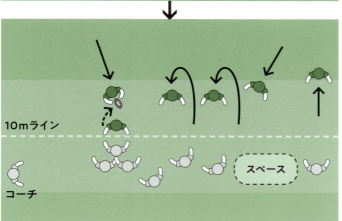

コーチの合図でターンオーバーが発生したら、ウォール（任意で設定したラインを越えない）を解消し、6割程度のスピードから試合と同じレベルのスピードに変えてプレーする。トランジション後は長くフェーズを続けず、1、2フェーズ程度でとどめて、プレーのサイクルを実行できたかを確認する（特に前を見てチャンスを見つけることができていたか）

チェックポイント　ターンオーバー後のトランジションを素早く実行する

「トランジション（ドリル39）」で学んだことを、いつターンオーバーが起こるかわからない試合に近い状況で行う。ターンオーバーによって攻守が逆転し、ストラクチャーからアンストラクチャーな状態になるので、どちらのチームも攻守の切り替えがいかに速く行えるかがポイントになる。また、ターンオーバーシーンはコーチがペナルティ、ラック、あるいは新しいボールを投入するなどしてリスタートさせるので、両チームともその状況に適したトランジションを行う必要がある（「キック」でターンオーバーを発生させる場合は、AT側が最初のウォールで1〜3フェーズのアタックをしてからキックする）。その際、P160〜163で学んだ地域の特徴と攻守の切り替えを頭に入れてプレーすること。フェーズを重ねすぎると課題がぼやけてしまうので、3フェーズを目安に1本を終了し、プレーのサイクルは実行できていたか、問題点はどこにあるかを整理して改善していく

FITNESS TRAINING

マルコム

ラグビー的動作で鍛え上げる

「マルコム」は、ラグビーで必要とされる「寝る」「起きる」「バック走（背走）する」といった独特の動きを鍛えるために有効なフィットネストレーニングです。

ハーフウェイラインと10mライン2本を利用し、右ページのように計20mを使って行います（または10mおきにマーカーを設置）。まず、ハーフウェイラインで腹這いになった状態からスタートし、「10mラインまでバック走→腹這い（ダウンアップ）→反対側の10mラインまで20mスプリント→腹這い→ハーフウェイラインまでバック走」で1往復。これを1人6往復行い、自己ベストタイムを目指します。

ダウンアップの動作は体力を消耗しやすく、バック走でも疲れやすいとされる前腿の筋肉を使うので、想像するよりハードかもしれません。なお、ダウンアップの動作と起き上がってから走るまでの動作を素早く行うこと、バック走の時はアゴを引いてルックアップし、前かがみの姿勢で行うことなどに注意して行って下さい。

「マルコム」の設定と手順

チェックポイント
正しい姿勢でバック走する

アゴを引いてルックアップした状態で、やや前かがみの姿勢でバック走する。腕をしっかり振って走る

✗ 上体を後ろに反らないこと

写真のように、上半身を後ろ側に反った状態でバック走しないようにする

チェックポイント
腹這いの時はアゴを地面につける

ダウンアップの動作で腹這いの姿勢になる時は、胸とアゴをしっかり地面につけるようにする

✗ アゴを地面につけないのはNG

腹這いになる時、アゴを地面から離した状態でダウンアップしないこと

FITNESS TRAINING

フィットネストレーニング
コンタクトフィットネス

疲れた中での正しいタックル

ここで紹介する「コンタクトフィットネス」は、ランニング（100m走）、バック走、ダウンアップ、タックル（コンタクト）を織り交ぜ、よりラグビーの試合に近い状況で行うトレーニングです。

まず、下図のように55mを設定し、5mと50mの地点にマーカーを設置。3人1組になって表で示したようにそれぞれが順番に「タックル（バック走→ダウンアップ→タックル）」「100mラン（50mを往復）」「タックルダミー（タックルダミーを持つ役）」を各20秒間で繰り返し、それを1セット、計2～3セット行います。

ラグビーでは、長距離を走った後にタックルをすることもあれば、バック走をしてポジションをとり直してからタックルすることもあります。そのため、このトレーニングではタックルスキルを高めるのはもちろん、走った後に疲労を感じる中でも正しくタックルができるようになることを目標として行って下さい（正しいタックルスキルについてはP94～95を参照）。

3人の動きのサイクル		A	B	C
	①20秒	タックル	タックルダミー	100mラン
	②20秒	100mラン	タックル	タックルダミー
	③20秒	タックルダミー	100mラン	タックル

「コンタクトフィットネス」の設定と手順

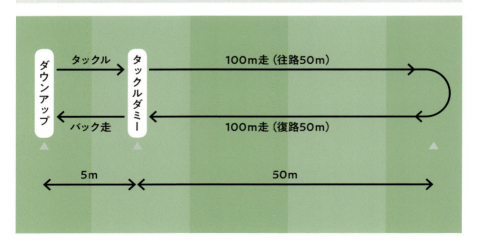

連続写真で確認しよう

Aがタックルを行う時、Bがタックルダミーを持ちながら20秒間のレスト（休憩）。その間、Cは20秒以内で100m走をする

Aはタックル後に100m走、タックルダミーを持っていたBはバック走、100m走を終えたCがタックルダミーを持つ

100m走を終えたAがタックルダミーを持ってレストし、Bはタックルを終えたら100m走、タックルダミーを持っていたCはバック走をする

Cがタックルし、100m走を終えたBがタックルダミーを持ち、Aは再びバック走。このサイクルを1セットとし、2〜3セット続ける

FITNESS TRAINING

フィットネストレーニング
シャトル

目的によって行う時間を決める

「シャトル（ラン）」は、スピードおよび持久力を鍛える基本トレーニングです。ここでは、3パターンの距離のシャトルを例にして、その方法を紹介します。

まず、50m走は15mラインと5mラインの間を1分以内で3往復（計300m）します。たとえばFWは60秒以内、BKなら55秒以内という設定をしてもよいでしょう。また、20m走は10mラインと10mラインの間を1分以内で6往復（計240m）。FWなら5.5往復、BKは6往復を目安にしてもよいでしょう。10m走はハーフウェイラインと10mラインの間を30秒以内で6往復（計120m）を目安に行います。

距離が短くなればなるほど切り替えし回数が増えるので、疲労度は高くなります。また、10m走などは短距離を繰り返し動くプレーが多いFWに特に必要とされるトレーニングと言えます。「シャトル」は練習の始めの頃に行うとタイムは上がりますが、練習の終盤に行うと、より試合に近い疲労の度合いでスピードや持久力を鍛えることができます。目的に合わせてシャトルを行う時間帯を決めるとよいでしょう。

DRILL 41 「ゲームライク」ドリル
3フェーズ・フィールドゲーム

コンタクトの強度に注意

[ドリルの設定と方法]

15人対15人。フィールドを自陣、中盤、敵陣の3つに区分けし、各エリア内の任意の場所で、セットプレーからゲームを開始。3フェーズを目安に行う。フェーズ数を増減させて行ってもよい。

[ドリルの目的と目標]

ゲーム形式のドリル。セットプレーから自分たちの狙いどおりのアタックやディフェンスができているか、各選手がプレーのサイクルを実行できているか、基礎ドリルのプレーができているかを確認することを目的とする。また、開始位置を「自陣」「中盤」「敵陣」という3つのエリアに分けることで、それぞれの地域の特徴を頭に入れてプレーできているかをチェックすることができる。

3フェーズを目安にしている理由は、フェーズが多過ぎるとプレー後に確認する際、イメージが薄くなってしまうため。また、最初の3フェーズで前進と支援を繰り返し、相手に圧力を作り出すことがアタックとディフェンスの原則の中でも重要になるため。もちろん、1、2フェーズでも4、5フェーズでも問題はないが、上記の目的を理解したうえでフェーズ数を決めること。

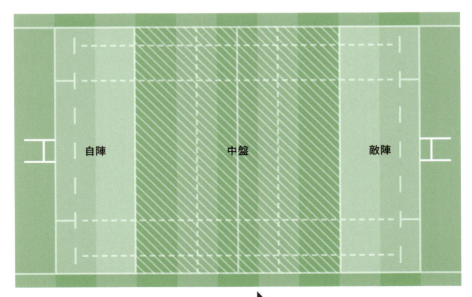

DRILL 42

「ゲームライク」ドリル
フィールドゲーム

> コンタクトの強度に注意

[**ドリルの設定と方法**]

15人対15人のゲーム形式ドリル。フィールド全体を使って、セットプレーからゲームを開始。フェーズ数を限定せず、プレーが切れるまで続ける。あるいは、コーチが任意のタイミングで止めるまで続ける。

[**ドリルの目的と目標**]

「ドリル41」では3フェーズを目安に行ったが、ここではプレーが切れるまで続ける。3フェーズで圧力を作った後もプレーのサイクルを実行することで圧力をかけ続け、AT側は地域獲得、得点を目指し、DF側は地域阻止、ボールの再獲得を目指す。
目的は、各地域でのセットプレーからゲームを開始し、アタックのパターンを確認することと、セットプレーからのサインプレーなど実際に試合で行うことを確認する。フェーズが多く続いてもプレーのサイクルのとおり、前の状況を見て判断してプレーすることを意識して行う。

パターンとは、状況に合わせてオプションを使い分けること。相手の状況に関係なく、自分たちのやりたいことだけを行うのではチャンスを生かせないので注意してほしい。また、判断力は怪我をしないためにも重要な要素であることを頭に入れておきたい。

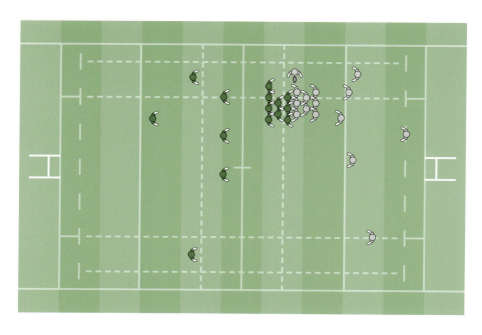

DRILL 43

「ゲームライク」ドリル
マルチゲーム

コンタクトの強度に注意

[ドリルの設定と方法]

15人対15人のゲーム形式ドリル。コーチ、選手が具体的なキーポイント（目的）を持ち、それに沿ったルール（条件）を決めて行う。通常の試合のルールと異なってもよい。

[ドリルの目的と目標]

試合前であれば、試合のキーポイントになる部分に重点を置いたルールを設定する。試合後であれば、試合で見えた改善点に重点をおいたルールを設定する。

たとえば、試合のような疲労感で正確なプレーをすることを目的とする場合は、プレー時間を2分間とし、ミスやタッチアウト後の再開をプレーが終わってから10秒後に開始する（プレーが切れてからすぐに始めることで、セットプレーが休み時間にならないようにする）。あるいは、コミュニケーションに重点をおいたルールであれば、コールがない時にパスをしたら、その時点でターンオーバーとする。

その他、アタックのサポートをしっかりつけることを目的とする場合は、ボールキャリアーがダウンした時にアタックのサポートがディフェンスのサポートより遅かった時はターンオーバーとするルールで行うなど、自分たちの目的に沿ったルールを設けて行うとよい。

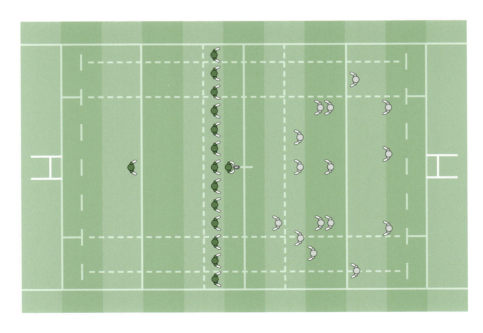

監修者プロフィール

岩出雅之
いわで・まさゆき

1958年2月21日生まれ、和歌山県新宮市出身。和歌山県立新宮高校を卒業後、日本体育大学体育学部に入学。日本体育大学ラグビー部ではフランカーとして活躍し、3年生時に大学選手権優勝に貢献。4年生時はキャプテンを務めた。大学在籍時には学生日本代表、U23日本代表に選出されている。大学卒業後は、栗東市立栗東中学校、滋賀県立虎姫高校、滋賀県教育委員会、滋賀県八幡工業高校で教員を務め、八幡工業高校ではラグビー部監督として7年連続花園(全国大会)出場に導いた。1990年に高校日本代表コーチ、1995年からは監督を務め、1996年から帝京大学ラグビー部監督を務めている。関東大学対抗戦では2008年を皮切りに優勝計8回、全国大学選手権では2009年から9連覇に導いた。帝京大学スポーツ医科学センター医療技術学部スポーツ医療学科教授。学友会体育局ラグビー部監督。

協力指導スタッフ

福田敏克
ふくだ・としかつ
フィジカルコーチ

加藤慶
かとう・けい
フィジカルコーチ

齋藤信和
さいとう・のぶかず
BKコーチ

関口愛子
せきぐち・あいこ
アスレティックトレーナー

岡本奈緒子
おかもと・なおこ
管理栄養士

撮影モデル・**帝京大学ラグビー部**

STAFF
編集・執筆　　　　中山 淳（有限会社アルマンド）
写真　　　　　　　志賀由佳
カバーデザイン　　柿沼みさと
本文デザイン・DTP　ファーブル

パーフェクトレッスンブック
ラグビー　基本と上達ドリル

監　修　　岩出雅之
発行者　　岩野裕一
発行所　　株式会社実業之日本社
　　　　　〒153-0044　東京都目黒区大橋1-5-1　クロスエアタワー8階
　　　　　[編集部] 03-6809-0452　　　[販売部] 03-6809-0495
　　　　　実業之日本社ホームページ　http://www.j-n.co.jp

印刷・製本　　大日本印刷株式会社

©Masayuki Iwade 2018 Printed in Japan　ISBN978-4-408-33750-0（第一スポーツ）

本書の一部あるいは全部を無断で複写・複製（コピー、スキャン、デジタル化等）・転載することは、法律で定められた場合を除き、禁じられています。また、購入者以外の第三者による本書のいかなる電子複製も一切認められておりません。
落丁・乱丁（ページ順序の間違いや抜け落ち）の場合は、ご面倒でも購入された書店名を明記して、小社販売部あてにお送りください。送料小社負担でお取り替えいたします。ただし、古書店等で購入したものについてはお取り替えできません。
定価はカバーに表示してあります。
小社のプライバシーポリシー（個人情報の取り扱い）は上記ホームページをご覧ください。

1803(01)